50歳からの人生ゆるゆる計画

後半生を輝かせる「仕切りなおし」のススメ

Kei Sugawara
菅原圭

河出書房新社

新たな人生へのスタートを切るのは、いま――はじめに

50歳は実に微妙な年齢だ。

頭に白く光るものを見つけたのは、いつのことだったか？　小さな文字が読みにくくなり、老眼鏡を作らなくては、と思ったのはいつ？

たいていは、40代後半〜50代はじめごろに、こんな形で「もう、そんなに若くはないのだ」という現実に気づかされる。つまり、50代になったら、老いはそこまでしのび寄ってきているということだ。でも、まだ自分は若いという思いもあり、実際、気力もエネルギーもある。やる気だって衰えていない。

若さの余韻《よいん》と老いの兆《きざ》しが入り交じる時期だからこそ、これからの人生を見つめ直し、考え直すならば、絶好のタイミングなのだ。

人生100年時代のいま、50歳は折り返し点でもある。そこから、人生はもう一段、厳しさを増すことが多い。仕事の先がそろそろ見えてくる。給料はそう上がらないのに、まだまだ続く住宅ローン。子どもの教育はこれからが胸突《むなつ》き八丁《はっちょう》。そこに親の介護問題が降りかかってくる。さらにその先に垣間見《かいまみ》えてくる自分の長い老後……。

そうしたことを大まじめに、すべて引き受けて生きていこうと考えれば、人生後半の足取りはいっそう重くなってしまう。これから先を重い足取りでなく、でも悔いなく、楽しく歩んでいきたいと思うならば、ここらでいったん足を止めて、これまでの人生、これからの人生を考えてみよう。


「これまでは、自分が思ったような生き方ではなかった」

「もっとラクで、楽しい人生を思い描いていた」


そう感じた人は、ぜひ、50歳というタイミングで人生の仕切り直しをするべきだ。


「本当に自分がしたいような生き方ではなかった」前半人生。

では、後半人生もそれでいい、のだろうか？

「それでいい」という人はいないはずだ。せっかく生まれてきたのだから、自分なりに、自分らしく人生を楽しんで生きていきたい。誰だって、そう思うのではないか。

人生１００年時代。これから先、まだ50年もある人生を、自分の思いと相入れない生き方を続けていくのはけっこうつらい。これから先の50年は、自分が思うように、思いどおりの生き方を目指して進んでいこう。

家族は大事だ。だが、家族に振り回されて自分は後回し、それも家族の中でいちばん後回しにするのはもうよそう。

仕事だけの人生で終わりたくない。仕事のほかに一つでもいい、我を忘れるぐらい熱中できることを見つけよう。自分が稼いだお金だ。老後に向かうこれからは、もっと自由に、自分のために使っていこう。

そうした方向に向かって、ハンドルを切り替える。それには、50歳あたりがいちばんの適齢期だ。

楽しく生きていくために必要なのは、これまでの自分の考え方をガラガラポンと入れ替え、切り替えることだ。いわば〝自己改造〟だから、それなりの時間がかかる。

老後という、もうひと山を乗り越えていくためにも、定年になってから、いや、定年間近になって、あわてて「老後の生き方」を考え始めるのでは遅すぎる。

スタートを切るのはいま。50歳あたりがベストタイミングなのだ。

本書をきっかけに、あらためて自分らしい、自分が望む生き方へと、1歩踏み出す決意をしていただければ、と願ってやまない。

菅原 圭

50歳からの人生ゆるゆる計画／もくじ

2章 前半戦終了！ さあ「働き方改革」を始めよう

◉いま始めれば、なんとでもなる

3章 人間関係は、リセットとメンテナンスが肝心

◉職場、伴侶、親子、友人…

5章

◉老後資金にため息をつく前に
お金より大事なものがあることを心に刻む

6章 「思いは高く、暮らしは簡素に」で生きる

7章　「老い」ではなく、「成熟」に向かっていく

装丁＊こやまたかこ
カバーイラスト＊朝倉めぐみ

1章◉これから50年をどう生きる?

後半生のキーワードは「わくわく・ときめき」

頑張ってきた。でも、むなしいのはなぜ？

◉自分の人生をチェックすると…

仕事がやっと終わって会社を出る。このとき、「あ〜あ、やっと今日も終わった」と、ため息まじりでつぶやいている。

ちょうど人生の折り返し点まで来たところだ。この先も同じような毎日を過ごしていくと考えたとき、むなしさがこみ上げてくることはないだろうか。

「確かに……」

そう答えた人は、本気で、自分の人生をチェックするべきだ。

そこそこの大学を出て、ほどほどの企業に就職した。内定をもらったときは本人もまわりも大喜び。これでサラリーマンとして、まずまず安定した人生を送れるだろうと確信したのだ。

だが入社後、すぐに壁にぶつかった。自分は、主戦力の営業には向いていなかったのだ。営業成績は上がらず、いまは本社の総務で仕事をしている。

担当は社内報の編集だ。編集といえばかっこいいイメージがあるかもしれない。だが実際は、社内を回って原稿を書いてもらったり、冠婚葬祭のニュースを集め、必要な写真を手配したりするなど、はっきりいえばあまり冴《さ》えない仕事だ。

正直なところ、入社早々の社員だってできそうだ。あるいは、定年後、契約社員として残った人がやっているところも多い、そんな仕事だ。

とっくの昔に出世コースからは脱落。だが、仕事はやたらと忙しく、きつい。やりがいを感じられない仕事に追い回される日々。朝、洗面所の鏡に映る表情はわれながら元気がない。

でも、いまさら人生を、いや、仕事をリセットしようなどと思ったことはない。50歳にもなって、いまさら転職など思いもよらない。このまま勤め続けられるまでは、会社にしがみついていくしかない……。

それはわかっているのだけれど、と気がつくと、また大きなため息をついている。

◉「社長みたいな人生はイヤです」

やっと持てた自分の店。そこから30年をかけて、全国に200店以上の支店を持つまでにビジネスを拡大し、年商数百億円。株式も上場、と大成功を遂げた女性社長から聞いた話だ。

美容関係のビジネスを展開しており、メディアにもよく登場する彼女は、ゴージャスそのもの。お金は使いきれないほどあるし、国内に2か所、ハワイにも別荘を持ち、休みの日はゴルフざんまい……。まさに人もうらやむ暮らしだ。

そんな彼女も70代が見えてきたので、そろそろ第一線を引き、ハワイあたりで優雅なリタイア生活に入ろうと考えた。

子どもがいないこともあり、創業からずっと彼女の片腕として働いてきたナンバー2の女性に「社長にならない？」と声をかけた。

「えっ、うれしい！　私でいいんですか？」

喜びにはずんだ、そんな返事を予期していたというが、ナンバー2の返事は意外なものだった。

「あの、お断りしてもいいでしょうか。……私、社長のようにはなりたくないんです」

ナンバー2はこういったのだ。

「社長は、朝から晩まで髪振り乱して仕事ばっかり。おしゃれだって、みな、仕事上でしょう？　好きだとおっしゃるゴルフもビジネスの付き合いばっかり。ふだんはラフな格好で、仕事をしながらコンビニのおにぎりを食べるくらい。せっかくあんな豪華な家を建てても、寝に帰るだけじゃないですか。私はそんな暮らしはイヤなんです」

なぜナンバー2がこうした返事をしたのか、私にはよくわかる。どんなに大成功を収めても、この社長のような私生活では誰の目にもNGだと映るはずだ。

正直、私も、豪華な家やハワイに別荘のある暮らしはあこがれる。だが、それと引き換えに、自分の暮らしを犠牲にしなければいけないといわれたら、返事は「お断りします」となるだろう。

仕事も大事だが、自分自身の暮らしも同じくらい大事だからだ。

ひるがえって、自分はどうか。１日のほとんどの時間を仕事に費やしていないだろうか。休みの日も接待やイベントの応援などに駆り出されたりしていないだろうか。そんな日々なら、本気で、いまのままでいいのかと考えてみたほうがいい。

折り返し点以降の人生も、これまでと同じように、仕事一色で塗りつぶされてしまうとしたら、自分らしい人生なんていえないじゃないか。

ちっともつらそうじゃない「寅さん」

◉非常識で自分勝手。なのに、なぜ人気がある？

昭和から平成にかけて、人気を博した『フーテンの寅さん』。2019年の年末、『男はつらいよ　お帰り寅さん』が封切られ、再び、寅さんブームが起こっている。

ご存じ寅さんこと車寅次郎《くるまとらじろう》は、ふらりと家を出ていったまま、いつ帰るかは誰も知らない。突然、風のように帰ってくると、なぜか必ず騒動が起こる。破天荒《はてんこう》といおうか、非常識といおうか、寅次郎には「きちんと生きていく」という発想が、ハナから欠落しているのだ。

葛飾区柴又の帝釈天《たいしゃくてん》の門前町の草団子屋「とら屋」。寅次郎のおじさん、おばさんが営む老舗で、ここには、親を亡くして引き取られた寅次郎の妹さくらも一緒に暮らしている。

おじさん、おばさん、さくらたちは、突然戻ってきた寅次郎が引き起こす大騒動に巻き込まれ、いつも大迷惑をこうむる。それに気づくと、寅次郎は風のように、またどこかへと姿を消してしまう。

毎回毎回、あきもせずに、こうした話が繰り返される。これも毎回、寅次郎が一方的に好きになる美女・マドンナも登場するが、いうまでもなく片思い。

しかし、寅次郎の悪気がなく、憎めない人柄は、おじさん、おばさん、さくらはもちろん、登場人物の誰からも憎まれず、それどころか、日本全国のみなからこのうえなく愛される存在になっているのだ。

映画の中で、寅さんはこういっている。

「生まれてきてよかった、と思うことがなんべんかあるだろう。ね、そのために人間は生きているんじゃねえのか」

そう、人は「生まれてきてよかった」と思うために生きているのだ。ため息をつき、うなだれて毎日を過ごすなんて生まれてきたかいがない。

ちなみに、寅さん映画は1969（昭和44）年から1995（平成7）年まで製作された世界最長の映画シリーズで、作品数では世界一だ。ギネスブック国際版にも認定されている。

「生まれてきてよかった！」と思ったのはいつだろう？　もう長いこと、そんなふうに思ったことはないなあ、というなら、「寅さん」を見直してみよう。

フーテンだろうが、まわりに少々の迷惑をかけようが、「生まれてきてよかった」としみじみ思うことがないなら、生まれてきたかいがない。

◉100％自分のために生きるという、すがすがしさ

自分を振り返ってみると、寅さんとは大違い。いや、真逆だといっていいような生き方をしている。そして、これからもしようとしている。

自由で気まま。自分の好きなように生きている寅次郎にくらべて、自分は自由がなく、会社のため、家族のためを考えて、自分のことはいつも後回し。

もう、そんなのはイヤだ。思いきって発想を転換し、寅次郎みたいに生きてみよう。

寅次郎の生き方は、ひと言でいえばジコチュー。自分中心でまわりの人のことは二の次だ。こういうと、なんと勝手なオトコだろうとあきれるかもしれない。だが、**人間は本来、自分本位なもの。自分がいちばん大事な生き物なのだ。**

同時に、人間は社会的な生き物でもあるから、まったく1人では生きていない。だから自分勝手に生きていくことは難しいが、でも、いまの生き方ではあまりに自分がかわいそうだ。

これから先の残り半分の人生は、100％自分のため、自分の人生を生きていかないか。

そうでないと、いったい何のために生まれてきたのか、わからない。

自分が好きなように生き、もっとのびのびと、毎日を楽しみたい。

少なくとも、1日の終わりにため息が出てくるような生き方からは抜け出そう。

ジコチュー？　これまでは、ジコチューはちゃんとした大人として、いちばんいけない態度だと考えてきたのではないだろうか。

だが、ジコチュー、別の言い方でいえば、自分をいちばん大事にして生きる生き方は、人間として、いや、生き物としてもっとも自然で素直な生き方なのだ。

もちろん、なんらかの仕事をして、ご飯を食べていかなければいけない。でも、つまらない仕事、興味が持てない仕事だったら、しなければいい。しなくていい。しないほうがいい。もっと自分がやりたいと思える、そんな仕事をすればいいのだ。

家族はどうする？　この際、自分以外は放り出してしまおう。といっても、とりあえず、頭の中でそんな自分をイメージするだけ。それでも十分、ジコチューな生き方がどれほどせいせいするかを感じることはできるはずだ。

お腹の底から深～く呼吸したような、すがすがしい気持ちになってくる。そう、これから先の人生は、そういう気持ちで過ごす時間が少しでも多くなるようにしていこう。
そう思う。そう、決心する。
これが、先の生き方を大きく変えていく第一歩だ。

50歳は人生の折り返し点。本番はこれからだ！

◉50歳は、仕事、家庭、どこから見ても折り返し点

50歳。考えてみれば、ちょうど人生の半分だ。

20歳過ぎに会社に入ったとすれば、サラリーマン生活も二十数年。年金の支給開始年齢は今後、65歳からさらに引き上げられるだろうから、まだまだ20年近くは働かなければならないだろう。

仕事人生もちょうど半分ほどまできた勘定だ。

家庭生活はまだまだ長く続いていくだろう。だが、子どもたちも育ってきた。親として全面的に責任を負わなければならない時期は、そろそろ終わりにしていいころだ。

だいたい、日本の親は過保護すぎる傾向がある。かのロックフェラー家でさえ、成人したら、あとは自活せよと家を出すのが習わしだと聞いたことがある。

日本では大学を卒業するまで、何から何まで親がかりという家も珍しくない。その分、親のスネは細くなる一方。その細いスネで、今後の自分の人生を歩いていくのだ。

親だって、自分の人生を楽しむ権利はあるはずだ。そう叫んでもいいんじゃないか。

叫ぶなら、子どもが成人したときがベストなタイミングだ。「大人なんだから、もう自分の力で生きていけ」と。

いきなり、それはムリだとするなら、せめて「小遣いはもうストップする。遊ぶお金は自分で稼げ」と言い渡そう。

子どもの手が離れたのだから、これからは奥さんにも働いてもらおう。妻がママ友とランチをしながらおしゃべりしている一方、夫は働きづめではあまりに不平等だ。

この年になるまでエネルギーを振り絞って働いてきた。そして、手にした給料は家族の生活や子どもの教育費に注いできた。だが、人生は妻のためのものではない。子どものためのものでもない。あくまでも自分自身のものなのだ。

いきなり、妻や家族に引導《いんどう》を渡せ、などというつもりはない。だが、これからは基本、人生は自分のものだ。自分自身のものだという意識を強く持っていこう。それだけでも、自分の中で、何かが変わるはずだ。

これからは、自分自身の人生を、自分らしく楽しんで生きていくのだ！　とまず、自分に誓い、今日、この瞬間から、ジコチューを人生の基本的な姿勢にすると決めるのだ。

◉実は、ジコチュー人間のほうが付き合いやすい

ジコチューは嫌われる。これも間違った思い込みだ。

夫が、あるいは妻が、わくわくもときめきもない毎日を送っていれば、家族にもそれはしっかり伝わっている。

相手がそんなふうだと、一緒に暮らす家族も、「これでいいんだろうか」「このままでいいんだろうか」と影響を受けるはずだ。興味を感じられない仕事をしている相手を見ているのは、家族もけっこうつらいのだ。

友人の連れ合いは典型的な〝昭和タイプ〟の企業戦士で、家には寝に帰ってくるだけ、というような人だったという。給料の大半を「仕事のため」といいながら好きに使ってしまうこともまれではなく、経済的な責任感はあまり期待できない。その意味では欠陥夫だといえるかもしれない。でも、彼女はこういう。

「あの人は何よりも仕事が好きだったわ。子どものころからなりたいと思っていた新聞記者になって、それこそ寝る間も惜しんで仕事に熱中していたのよ」

そんな姿は、家族にとってもイヤではなかったのだ。

疲れはてて帰ってきても、その日、もう少しで特ダネをとれそうだったなどとエキサイトして話し続ける。その顔を見ていると「家のことも、ちょっとは考えて」と言い出す気にはならなかったという。

そう、家族だって毎日、ストレス満タンの相手を見ていたくはないのだ。

もちろん、毎日の生活のために、「お金」は必要だ。だからといって、安定した企業に勤めていてくれればそれで満足……というほど、家族はドライではない。

生活に必要な「サム・マネー（いくばくかのお金）」くらいはなんとかなる。

家族やまわりの人も、お金より、相手が毎日、気分よくいてくれることのほうをずっと強く望んでいる。

意外かもしれないが、これは絶対に覚えておきたい大事なことだ。

自分の殻をはずす練習を始める

◉仕事なんか放り出し、1日ずる休みしてみる

日本人はまじめすぎる。まじめもまじめ、大まじめだ。

だから面白くもない日常でも、けっこう一生懸命こなしてしまう。そして、そこから抜け出すことはイケナイ、ダメ人間のやることだと思い込んでいる。

だが、そろそろ、自分を大事にすることのほうが、もっと、ずっと大事だということに気づくべきだ。

そう気づいたら、これまで自分を閉じ込めていた「殻」を破る練習をしてみよう。

いままで、仕事をずる休みしたことはない。そんな人は、一度、ずる休みをしてみることから始めるといい。

以前、こんなTVドラマを見たことがある。

朝、重い足を引きずって駅まできたものの、どうしても会社に向かう気になれない。昨日、上司が、彼の手柄を横取りしたことを知ってしまったのだ。それとなく水を向けるが、

上司はしらばくれる。そんな上司の生き方を見ているうちに、このままいけば、自分もやがて上司のように、出世のためなら部下を裏切ることも平気になっていくのではないか。そんな自分の将来像が浮かんできた。

それでも、会社に行くしかないか。でも……。

揺れる心を持てあましていると、ホームの反対側に、勤務先とは反対方向の電車がすべり込んできた。

気がつくと、彼はその電車に乗っていた。そのまま終点まで来たところ、ホームの向こうに山並みが見えた。それを見た瞬間、彼にまったく別のスイッチが入ってしまった。

「ふるさとの山を見てこよう」

会社には「田舎の父が倒れて……」と電話を入れ、一気に故郷に向かった。父が倒れたなんて、もちろんウソ。両親は元気いっぱいで、いまは故郷を離れ、東京郊外の兄貴のところで暮らしている。

2時間もすると、彼が育った北アルプスの麓《ふもと》にある街に到着。ぶらぶら歩き出すと、ずいぶん変わってしまったが、ところどころに、子どものころに遊んだ野原が残っている。

この土地を離れたのは、大学進学のときだった。あのころ、自分が描いていた夢はなんだったろう。少なくとも、こんな情けない日々ではなかったことは確かだ。

ドラマでは、故郷の街で、高校時代の同級生とばったり出会う。看護師になった彼女も仕事に疲れ、故郷に羽を休めにやってきていた。お互いの悩みを話し合ううちに……とラブストーリーに進んでいくが、現実社会ではそんなことはめったに起こらない。

だが、1日仕事を放り出しただけで、積もり積もっていたドヨンとした気持ちは軽くなり、翌日、会社に向かう足取りはずっと軽く感じられるだろう。

◉「昼飲み」に行って見えてくる景色

「ちょっと飲んでいかないか」は仕事終わりにやるものだと思い込んでいるとしたら、時代遅れだと笑われても文句はいえない。最近の居酒屋のもう一つのピークタイムは、お昼どきだ。「昼飲み」を楽しむ人が急増しているのだ。

昼飲みブームの火付け役は、子育て中のママたちだ。子育て中は、夜に出かけるのは難しい。だが、ママだって時には飲んで羽目を外したい。そこで、子どもたちが保育園や学校に行っている間にママ友仲間が集まって、「カンパーイ!」と盛り上がるのだ。

昼飲みを楽しんでいるグループがもう一つある。シニアたちだ。定年後は毎日が日曜日で、いつ飲んでも騒いでもOK。家にいれば奥さんにあれこれ文句をいわれるだけだが、毎日、図書館で時間をつぶすわけにもいかない。そんなとき、同じような仲間が集まれば、当然、「どうお？　軽く1杯！」という運びになる。

昼飲みは店にとってても大歓迎だ。そんなわけで、お得なコースを用意してある店も多く、コスパもいい。代休を取った日など、暇そうな相手を見つけて、ママたちやシニア族が満喫している昼飲みを経験してみよう。

毎日、自分を抑えて仕事をしている間に、こんなに楽しんでいる人たちがいる。それを知るだけでも、これまで閉じこもっていた殻がパンと音を立てて割れたりする。

「わくわく」「ときめき」を実行する

◉わくわく、ときめく毎日を取り戻そう

たった1日、会社をずる休みする。

昼間からお酒を飲む。

この程度のことでけっこうドキドキし、そのドキドキが収まると日頃の重しがとれ、心の底から、すっきり晴れやかな気持ちが込み上げてくる。

これから先は、こんな気分で生きていきたいと思わないか。

ずる休み、昼飲みをクリアしたら、次は、「わくわく」や「ときめき」を取り戻す段階へと進んでいこう。

手始めは、「いま、いちばんやりたいこと」を見つけることだ。

そう、突然いわれてもなあ、と頭をひねる人も少なくないはずだ。そんな人は、子どものころに何に夢中になっていたか、思い出してみよう。思い出したら、それを体験できるところに出かけていくのだ。

大事なのは、1人で出かけること。子ども連れでは、子どもに関心がいってしまうから、「わくわく」「ときめき」は戻ってきにくい。

昆虫採集に夢中だった……なら、今度の休みに昆虫館に行ってみよう。東京なら、千駄木《せんだぎ》に「虫の詩人の館　ファーブル昆虫館」、としまえんに「としまえんのもり昆虫館」などがある。

「いやあ、マンガばっかり読んでいて、先生にも親にもいつも怒られていた」という人なら、「BOOK OFF」にでも行って、昔、いちばん好きだったマンガを買ってきて、あらためて読んでみるのもいい。

自分の中で、何かがうごめき出すはずだ。

◉ずっとやりたかったことを先延ばしにしない

「もしもピアノが弾けたなら～」

俳優の西田敏行が歌うこの歌は1981年の発表だから、すでに40年近く歌われ続けている名曲だ。

なぜ、40年近くも人の心をとらえ続けているのか。私は、誰の心の底にも若いころにやりたかった、でもやり残してしまった口惜しさ、切なさがひっそり横たわっていて、いつまでも色あせずに残っているからだと思う。

そんな何かがあるなら、これからはそれにチャレンジしよう。50歳からなら、まだ間に合う。

私がいま、いちばん尊敬している友人に、まさに「もしも……」の夢を50代から追いかけ始めて、最近、どうにか成果が見えてきた人がいる。

彼女の夢は、絵を描くこと。子どものころから絵が大得意だったが、経済的な理由で美術大学に進むことはできなかった。高校卒業後、事務員として働きながら、ときどき、スケッチブックを片手に出かけ、自己流でデッサンを描いていたという。

それから結婚、出産。さらに離婚。シングルマザーとして子育てをしながらの毎日は寝る時間も満足になく、「ちゃんと着替えてベッドで寝る日々」にあこがれていたと笑う。50代では両親の介護をあいついで経験。認知症の父を見送ったときには疲れはてて「何もかもやめたくなって」、仕事もやめた。そして一念発起。念願だった美術大学に入学する道を選んだ。

いわゆる社会人入学ではなく、高校卒業生と一緒の入学。最初の2年は、体育や語学も必修で、笑ってしまうほどの不出来と闘ったそうだ。

費用は、両親が残した持ち家を売ったお金。シングルマザーでがんばってきた人生だったから、普通なら、老後に備えてできるだけ蓄えておこうとするのかもしれない。

卒業後は再び、仕事に戻った。日々の生活という現実があるからだ。

いまは毎年、同級生仲間と開く個展で借りた画廊から声がかかり、画廊のスタッフとして働いている。ほぼ週替わりで新しい作家の個展が開かれ、その都度、新しい作家と出会える。さらにそこに集《つど》ってくる作家の知り合いから知り合いへと、作家たちとの付き合いがどんどん広がっていく。

「お金についていえば、けっして恵まれているわけではないのよ」と彼女は小さく笑うが、片端《かたはし》であれ、ようやく好きな世界で生きていけるようになったいまを、最大限楽しんでいるようだ。そんな友を持てた私も誇らしく、とても幸せな気分でいる。

◉かつての仲間とおっさんずバンドを再結成

何かがうごめくのを感じたら、それは「仕切り直し」の芽が顔を出した証拠だ。これからは、その芽を大事に育てていこう。

近所の花屋の主が、ある日、ふだんよりこころもち早めに店の仕舞いじたくを進めていた。しかも、表情はめちゃくちゃ明るい。小さく何かのメロディーを口ずさんでいたような気もする。

「今日は閉めるの、早いんだね」。なにげなく話しかけると、「実は私、バンドをやってましてね。今日は、月2回のバンドの日なんですよ」と話し出した。

花屋の主人は高校生のころ、バンドを組んでいたそうだ。当時は本気でプロになると決意していたが、世の中、そんなに甘くない。高校卒業後も、仲間が入れ替わることはあったが、彼は変わらずギターを弾き続けていたそうだ。

そんなわけで、ちゃんとした就職をしそこない、やがて、奥さんが趣味をかねてやっていた花屋を一緒にやるようになり、気がつくと、すっかりいいオッサンになっていた。

花屋稼業はけっこうきつい。そもそも体力勝負だ。次に、花は生き物だから、よほどうまく仕入れて売りきらないと廃棄する花が出てきてしまい、はんぱでないロスを背負い込むことが珍しくないからだ。

数年前、駅ビルにおしゃれな花屋が出店したことも、しんどさに輪をかけた。ため息まじりに「1杯やろう」と駅前の居酒屋に向かったところ、昔のバンド仲間にばったり再会。お互いにどこか鬱々《うつうつ》としたものを抱える日々だから、

「バンドをやっていたころはメチャクチャ楽しかったなあ」

「うん、また、やりたいな」

と、そこから火がついた。以前の仲間に声をかけ、いまでは月に2回、いいオッサンが集まってギターをかき鳴らし、ドラムを叩いて悦《えつ》に入《い》っている。

バンドのある日は朝からノリが違うそうだ。配達の足取りも軽く、鼻歌まじり。若い頃

のようにぴっちり細いデニムをはきこなしたいとダイエットにも励み、おかげで糖尿の数値もよくなったと喜んでいる。

◉少しハードルが高い夢も、50代なら叶えられる

50代を少し回ったあたりというOさんは、最近、はた目にも顔つきが明るくなった。ひょうひょうとした人柄で、それまでもストレスいっぱいという印象はなかったが、近頃はさらにひと皮もふた皮も剝《む》けた感じなのだ。

彼の場合は、若い日にバイクにあこがれていた。だが、そのときはあこがれだけで終わっていたから、それをもう一度、というわけではなかった。

好きで始めたデザイン会社は規模を大きくしないことがよい結果につながり、経営もまずまず順調で、大きなストレスを抱え込んでいたわけではない。だが、社会人になった子どもたちの生き方を見ているうちに、自分の生き方に欠けているものがあると気がついた。**自分から仕事を引いたら何も残らない。これじゃあ、人として豊かな人生を歩んでいるとはいえないいんじゃないか。**そう、思い知らされたのだ。

そんなある日、高速道路で渋滞につかまった。のろのろ、イライラと進んでいるとき、

バイクが車の間をすり抜け、風のように飛ばしていくのを見た。
「かっこいい！　オレもあんなふうに飛ばしてみたい」
そう思うと、矢も楯《たて》もたまらなかった。次の休みの日、Oさんはもうバイクを買ってい
た。ハーレーダビッドソンとはいかなかったが、ヤマハのかなり高級車、ただし中古だ。
仕事をやりくりし、すぐに免許も取りに行った。
バイクだと、生身の自分で高速道路を突っ走っている実感があり、スリルと爽快感がた
まらない。それを全身で受け止めながら、これまで「海ほたる」「富士山から南アルプス
を遠望できる箱根の大観山展望台」「帰りには日帰り温泉も楽しめる龍神峡」などを次々
制覇《せいは》してきた。毎月、次はどこへ行こうかと楽しみでしようがない。
「50歳ちょっとというところだから、始められたんだと思うんですね。あと少し遅かった
ら、いい年をしていまさら、とあきらめてしまったかもしれない」
Oさんの言葉は本音だろう。
ちょっとハードルが高いかもしれないという「わくわく」「ときめき」も、50代ならま
だ難なく超えられる。

毎年、ウイッシュリストを10項目立てる

◉やりたいこと、行きたいところ、食べたいもの…

私は小さなメモ帳をいろんなところに置いている。テレビの前、浴室、トイレ、もちろんカバンの中にも、だ。

毎日けっこう忙しいが、テレビや新聞を見たり、トイレ中や入浴中にはっと思いつくことは意外とある。それをその場で、書き留めておくようにしているのだ。

ほかにも、テレビで世界遺産の番組を見れば、行ってみたいという衝動にかられる。先週もギリシャのメテオラ修道院を見て、「行きたいところ」リストに書き加えた。メテオラは300〜400メートルの高さの巨大な石が屹立《きつりつ》する地域で、雲を突くようなその岩のてっぺんに修道院が立てられているのだ。

おいしいものとの出合いも、わくわく、ときめくことの一つだ。グルメ番組で紹介された店で心惹《ひ》かれたところはしっかりメモしておく。

食べたいものでは断然、広島のお好み焼きである。粉ものの中でも絶対王というべき店

が広島にあるそうだ。私の場合、大阪までは仕事で行くチャンスはあるが、広島となるとちゃんと旅行計画を立てないとチャンスがない。その分、特別感満載なのだ。

1年に1回、誕生日とか年末などのタイミングに、何冊かの小さなノートに走り書きしたものをぱらぱらぱらと繰り、「今年のベスト10」を選び出す。そして、それをさらに大きな紙に書き出し、自室に張り出すのだ。たとえば、今年のリストは以下のとおり。

・家族の誕生日を忘れない
・誰にでも、まず「ありがとう」という習慣をつける
・体重を3キロ減らす
・毎月、本を1冊は読む
・テレビの英会話講座をさぼらずに見る
・小さなことでもいいので、何かボランティアを始める
・1人で秘湯めぐりをする
・スキューバダイビングの免許をとる
・ヨルダンのペトラ遺跡に行く
・収入の5%をハナから目をつぶって預金する

……などなど、リストを紙に書き出して貼る。こうして「可視化」すると、単なる願望から、絶対にかなえたい目標へと進化する。だから、この作業だけでも想像以上にわくわくすることに気づくはずだ。

さらに、10項目を選んだり、書き出したりするうちに、自分はどう生きていきたいかが、しだいにはっきりしてくるから不思議なものだ。

◉1年に一つ、新しいことに挑戦する

そのリストの中から、毎年一つ、これまでやったことのないものにチャレンジしてみよう。どれがいいか選びきれなかったら、サイコロを振って選ぶ。そのくらい、気楽、無責任でかまわない。何をするかはそう大事ではないからだ。大事なのは、50年も生きてきてそれでも知らないこと、やったことがない世界に足を踏み入れることなのだ。

はじめてのことは誰だってドキドキし、緊張感を覚える。ほどよい緊張感は自分を刺激し、マンネリにおちいった毎日に〝カツ〟を入れてくれる。

新しい知り合いも増え、数珠《じゅず》つなぎに楽しいことがつながっていく。

女優の山本陽子さんは、和服が似合うしっとりとした印象で、若いころは「お嫁さんに

したい女優」ナンバーワンだといわれていた。

だが、実像の山本さんはさばさばと、むしろ男っぽい性格だそうだ。「いちばんの趣味は車」というように、若いころから、時間があるとポルシェを猛スピードで走らせていたくらいだ。お酒も大好きで、毎日飲まない日はないという。

結婚はしなかったから、70歳を超えたいまも1人暮らし。だが、何にでも前向きで、チャキチャキしている性格そのままのアクティブなシニアライフを満喫しておられる。

山本さんのモットーは「毎年、何かに挑戦する」で、後期高齢者になった現在もその姿勢は変わっていない。70歳のときに、突然、住まいを熱海の温泉つきマンションに移したが、引っ越しはすべて1人で「チャッチャッとすませた」と涼しい顔をしている。

毎年、何かに挑戦してきたから、趣味は日本画、モノ作り、陶芸、マージャン、ゴルフ、テニス、社交ダンスと幅広い。最近、新しく始めた挑戦は「フラダンス」だそうだ。

「私って、いつも何かに挑戦していないとイヤなのよ。何がいいかなんてグジグジ迷っていないで、まず、チャレンジすることよ」

毎年一つ目標を立てるといい、とすすめる人もいるが、「目標」だと考えると〝達成〟しなければならないと考えがちだ。だが、山本さんは「イヤになったり、うまくいかなかったら、やめればいいんだし」とカラッとしている。

こだわりや引っかかりを感じるようになったら、ときめきやわくわくとは縁が遠くなる。**楽しいと感じなくなったら、あっさりやめて、新しく、次の「わくわく」を探す。年をとればとるほど、ノリよく、フットワークよく、そのときの気分しだいで1歩踏み出す。**

そのくらいの軽さのほうが、これから先の人生にはふさわしい。

上を目指すばかりが人生じゃない

◉「もっと、もっと」はそろそろやめる

50歳までの人生はいわば〝攻めの人生〟だった。少しでも高い目標に向かって前へ前へと進み、大きな成果を手にすることを目指してきた。

折り返し点からは目指す方向が変わる。意識して変えていかないと、わくわく楽しいどころか、つらさや苦しさが増していくことになると自覚しよう。

はっきりいって50歳ごろになれば、仕事人としての将来もある程度見えてくる。

企業は残酷で、入社10年か15年あたりで、会社の今後を支える人材とそうでない人材とは選別してしまい、そこから先は、明らかにコースが違ってくる。

公務員の場合はもともと働き出した段階で、出世組とそうでない組が分かれている。

もちろん、一発逆転のチャンスがゼロではないだろうが、このころになると、誰でもだいたい自分の将来は視野に入ってくる。自分の身の丈を知るということだ。

分別くさく聞こえるかもしれないが、人には持って生まれた才能もあれば、器もある。人は背伸びをしないと成長しないとよくいうが、背伸びをしたところで、せいぜい、持って生まれた丈に少しプラスされるだけだ。

いうまでもなく、ずっと背伸びし続けることは難しい。そのうち、疲れてきて元の丈に戻ってしまう。

それよりも、自分に見合った居場所を見つけ、身の丈に合った生き方をするほうがいい。こんなふうに考え方をスイッチしてしまおう。出世はせずとも、いまの仕事をさらに深掘りする、幅を広げるなど、上を目指す代わりの楽しみ方を見つけていけばいいのだ。

上へ上へと登っていく道は息が苦しく、途中の尾根から見える絶景を楽しむ余裕もないだろう。だが、ゆっくりマイペースで登っていけば、谷から吹き上げてくるさわやかな風を楽しむこともできるし、何よりも苦しくない。

頂上までは行けなかった。でも、7合目からも、眼前には十分見応えのある眺望が広がっていることもあるだろう。自分なりの歩調で楽しみながら、行けるところまで行こうという生き方もあるということだ。

◉あんなに好きだったレッスンだったのに

退職してから英語の勉強を始めた知人がいる。それまで、たまの海外旅行くらいしか英語を使う機会はなかったそうで、駅前の英会話学校に入った動機も「海外で自由に行動できるようになれたらいい」だった。

下から2番目のクラスからスタート。もう10年も通っているから、最近は旅行英語には困らないそうだが、気がつくと英会話レッスンにどっぷりはまり、もっと、もっとと勉強を続けている。ここまで聞くと、立派だなあといいたくなる。

だが、彼の場合は「もっと、もっと」が強すぎ、最近は、昇級した英会話教室のレベルについていくことが苦しくなってきた。そこで、教室のテキストを手取り足取り教えてもらうために、別の英会話教室で、そのテキストを使って個人レッスンを受けている。

それでも、英会話教室がある日は朝から気が重く、「当てられて答えられなかった」日などは激しく落ち込んでしまうというのだ。

中年になってから英語の勉強を始めても意味がない、などというつもりはない。もっと年をとってから勉強を始め、英検の上級をとった人の例だってある。

だが、英語の日は気分が重くなる、というのでは本末転倒だ。

いまから始めても、仕事にフルに役立つまでになるには時間切れかもしれない。すでに手の中におさまるような小型の通訳機も出てきているから、そのうちに、耳にすっぽりおさまるような通訳機ができる可能性も小さくない。

もちろん、〝自分の言葉〟でコミュニケーションできることの意味は大きいだろうが、そこまで到達する苦労と、苦労をしないで機嫌よく、気分よくコミュニケーションを楽しむのとどっちがいいか、考えてみよう。

上達を目指そうという気持ちは素晴らしいが、それが過剰なプレッシャーになるようなら、いまの姿勢を考え直してみるほうがよさそうだ。

英会話に限らず、趣味でもスポーツでもほどほどで満足し、その代わりにとことん楽しむ。そのほうがずっといい、と考え方を切り替えるのも大人の分別だと思う。

2章◉いま始めれば、なんとでもなる

前半戦終了！
さあ「働き方改革」を始めよう

90歳まで働く時代がやってくる

◉親たちのような老後は待っていない

現在、50歳前後の人の親は団塊《だんかい》世代の少し上。高度成長期を支えてきた世代ともいえ、モーレツに働いた一方、給料も着々と上がったし、リタイア後もけっこうな年金をもらって、悠々《ゆうゆう》自適《じてき》のリタイアライフを過ごしている。

専業主婦も、夫の年金でバス旅行はしょっちゅう、たまに海外旅行に出かけたり、有名レストランのランチを楽しむくらいの余裕はあるようだ。

そんな親たちを見て、自分もあと十数年がんばり、その後はのんびり、ゆったり老後を楽しもう……と思っているとしたら、甘い。

年金制度はもともと、退職後、せいぜい10年ほど支給する（人生は終わる）という考え方のもと発足したものだ。ところがその後、寿命が延び、いまや世界の国々が年金問題で壁にぶつかっている。

こうした年金誕生の背景から見ても、**「これから先は、年金で暮らすのは相当、年をと**

ってから。少なくとも、寿命マイナス10年前までは、自分の力で（働いて）生きていく」と考えなければならないだろう。

日本は世界でもトップクラスの長寿国だ。そのうえ、日本経済はパワーダウンしているから、今後は当然、年金財政はさらに厳しくなる。まず、支給開始年齢がしだいに引き上げられ、需給額も減っていくことも覚悟しないといけない。

現在の親たちがもらっている年金だって、夫婦２人で月額約22万円。生活環境にもよるが、この支給額内で２人で暮らすのはけっこうきついはずだ。ここから税金、健康保険料、介護保険料などを支払っていくわけだが、ここにきて、高齢者の負担はさらに重くなっている。

今後は、もっと受給額は減っていき、やがて20％ほどダウンするだろうと政府も認めている。いま50歳前後の人たちはほとんどが、定年後もしばらくは、なんらかの形で仕事を続けていく。そんな時代に向かっているという現実をしっかり見つめよう。

小泉内閣のとき、日本経済の改革の旗手だった竹中平蔵氏は最近、「これからは90歳まで働く時代になる」と発言しているほどだ。

竹中氏の主張についてあれこれいうのはたやすいが、いまやまぎれもなく、そうした方向に向かっている。これが現実なのだ。

◉「悠々自適」の中身は、退屈な毎日

そもそも「悠々自適の日々」「毎日が日曜日」は、本当に素晴らしいのだろうか。本当にうらやましいと思えるものだろうか。

毎日、小走りで駅へと急ぎ、満員電車に詰め込まれて会社にすべり込み、仕事に追われる日々……と考えると、そこから解放される日が待ちどおしい……という気持ちもわかる。だが、身のまわりの定年退職者を見てみよう。毎日、これといってすることがなく、図書館などで時間をつぶさなければならない。長いこと、家をかえりみないで暮らしてきたから、わが家にはもはや、自分の居場所はなくなってしまったからだ。

居場所がないということは、自分を求める人もいないということだ。そう考えると、とてつもなくさびしく、むなしくならないだろうか。

私なら耐えられない。

仕事とは、社会と関わり、自分の力を期待されることだ。その期待に応えるには、人間関係のしがらみや、きつい日程、よりよいアイデアをたえず絞り出さなければならないな

ど、厳しいことも山ほどある。

だが、その厳しさを乗り越え、求められていたとおりの、あるいは期待以上の結果を出せたときの快感はたまらない。この達成感、充実感こそが人生の喜びであり、生きている実感、生きがいなのではないだろうか。

その証拠に、65歳、70歳、いや、それ以上の年でも仕事をしている人を見ると、10人が10人、「いいですねぇ、仕事があって……」という。

毎日、目的を持って出かけるところがあるだけでもうらやましい、が本音だろう。

◉仕事付き老人ホームの出現

最近は、老人ホームでも「仕事付き」のところが出てきているそうだ。人形に金具などを取り付ける仕事を週、もしくは月に1、2回、1～2時間やって、少しだけれど、ちゃんと報酬をもらう。といってもホーム内でだけ使えるポイントだが、それでも立派な〝稼ぎ〟であることに違いない。

施設内にビニールハウスを設け、入居者に野菜作りに参加してもらい、報酬を支払っている施設もある。いまのところ、得られる収入はまだまだ少ないが、それでも、孫のプレゼントくらいは買えると参加者は大張り切りだそうだ。

定年後は、好きな趣味を楽しんで暮らしていく、という人もいるだろう。だが、毎日、趣味程度のことしかやることがないなんて、想像しただけでさびしすぎる。

趣味は、あくまでも「やらなければならないこと」をこなした後の、余暇時間でやるから楽しいのだ。

いくら好きでも、毎日、ゴルフしかすることがない、そんな日々だと、そのうちにゴルフをしてもそれほど楽しいとは感じなくなる。皮肉なことに「悠々自適」になってはじめて、「悠々自適」の毎日はかえって退屈で、つらいものだと知ることになる。これが現実というものなのかもしれない。

◉これだけは外せない、長く働くためのポイント

50代の人に「あなたは何歳まで働きたいですか?」と尋ねたところ、57・4%が「年齢を問わず働き続けたい」と答えている。

また、50歳以上の人に、「年齢を問わず、長く働くために大事なこと」を尋ねたところ、以下のような結果になった(「リクルートキャリア」2019年より)。

(1)年齢に関係なく働ける環境がある……84・6%
(2)勤務場所・勤務時間など、自分のペースで働くことができる……59・6%
(3)ライフステージによって、柔軟な働き方ができる……55・1%
(4)自分の強みを生かせる職場・仕事を選択できる……50・7%
(5)上司や同僚と信頼関係があり、周囲からの期待を感じることができる……41・2%
(6)自分の好みを上司や同僚が理解してくれる……38・2%
(7)仕事を通じて成長機会がある……35・3%
(8)多様なキャリアパスが用意されている……19・9%
(9)仕事の成果によって評価が決まる……19・9%
(10)働く制約(子育て・介護など)があっても柔軟に働くことができる……16・9%

ざっくりいえば、**「これから先、柔軟に、自分のペースで働けるかどうか」**がポイントといえそうだ。これをクリアできない職場ならば、適当なところでやめ、転職するか、独立するか。

いずれにしても、なんらかの形で、これから先もずっと働ける環境を手に入れることを考える。50代に始めておかなければいけない大事なことだ。

◉大正生まれのぎょうざ屋さんの至言

先日、よく行くスーパーの店先でぎょうざを売っていた。見れば、売っているのはかなりの高齢者。1人で大きな鉄鍋でぎょうざを焼き、1個1個半分に切り、楊枝に刺して試食をすすめながら、「宇都宮ぎょうざ、おいしいよ！」と大きな声を張り上げている。

店先の屋台だから自動計算のレジではなく、1パック780円＋消費税の面倒な数字を暗算しながら、お釣りも手早く渡している。

「おじさん、元気だねぇ。いま、いくつなの？」

客の1人が尋ねると、

「私？　大正生まれなんですよ。もう、90代の半ばなの」

だが、一見、80代に入ったばかりにしか見えない。肌の色つやもよく、足腰もしっかりしている。1日、立ちっぱなしでぎょうざを焼いていても、あっちが痛い、こっちが痛いとはならないと大きな声で笑い飛ばすのだ。

「こう見えてよ、私、別荘持ってるんだよ。息子は、もう働かんでいい。別荘でのんびり温泉につかっていればいいなんていうけどさ、そんなことしていたらすぐにボケちゃうよ」

「でも、疲れるでしょう？」と別の客の声。

「疲れるからいいんだよ。ああ、よく働いたなと感じるじゃない？　でも、ひと晩寝れば、治っちゃうからね」

このぎょうざ屋さんのいうことは、私にもよくわかる。フリーでものを書いていくという生活は、はた目には好きなことを、マイペースでやっているように見えるかもしれないが、締め切りなどの約束事など求められることはハードであり、そんなにラクな仕事ではない。

だが、仕事のオファーが舞い込むと、自分でもはっきりわかるほど、エキサイトする。最大の喜びは、「まだ、自分を求めてくれる人がいる」という実感だ。

仕事があるということは、社会にまだ、自分の居場所があるということ。反対に、悠々自適、毎日が日曜日という日々は、あなたはもう、誰からも必要とされていないと申し渡されたのと同じだ。

そんな日々は、想像するだけでもさびしい。

生きている限り、仕事は手放さないぞ。そのくらいの執念でいてもいい、と私は思っている。

定年後も、同じ会社で働き続けますか?

◉多くの場合、給料は大幅ダウン

「うちの会社は定年後も働けるから」と安心している人も少なくないかもしれない。

現段階では、政府は、企業に対して「65歳まで働く機会を確保する」ことを求めているが、近く、フリーランス、起業などの選択肢も加えて「70歳まで働く機会の確保」を求める関連法案を成立させようとしているという。

現在、年金の支給開始は国民年金、厚生年金ともに65歳からだ。65歳まで働くことができれば収入のブランク期間はなくなり、これで「バンザーイ」だ、と思いたくなる。

65歳からも「希望すれば」働ける制度を「定年選択制」と呼ぶが、65歳まで「働きたい」と希望すると、多くの場合、給料はそれまでとは大違い。部長や課長など役職定年後の年収について調べたところ、「75～100%未満」になった人が約22%、「50～75%未満」が約33%、「25～50%未満」が約31%。

とにかく、かなり減ってしまうことは覚悟しておいたほうがいい。

でも、60歳で一応定年になるわけだから、退職金はもらえるかもしれない。それで、賃貸用の不動産など買って、その賃料と65歳まで働く給料を合わせれば、それまでと同じ生活レベルは保てるだろう……。

実際、そんな計算をしていた知人がいたが、これもかなり甘かった。企業によって違うようだが、日本で1、2位を争う印刷会社に勤務している彼の場合は、「定年選択制」で「働き続ける」選択をした場合、60歳で「退職金の金額は決定する」。だが、実際にそのお金をもらえるのは65歳の退職時になると知ったそうだ。

◉部下が上司になり、肩書もなくなる

給料が半分程度になるショックに加えて、定年後も同じ会社で働き続けるのは、けっこうつらい選択だ、という声も耳にする。

60歳で定年、という事実は変わらない。だから、それまでの肩書はなくなり、「ヒラ」

になる。上司は自分よりずっと若いことも珍しくなく、はっきりいえば、これまで育ててきた部下の下で働くことになる。

いや、自分には経験も、積み上げてきたスキルもある。まだまだやれる！　と自信満々な人もいるかもしれないが、それはもう通用しない、というよりも、必要以上にそれを表に出すと、たいていは煙たがられ、嫌われるのがオチ。

「定年延長だと聞いていたのに、話が違うじゃないか」というのは、こちら側の勝手な言い分。雇用側にしてみれば、年をとった社員には、やめてもらいたいのが本音だ。

会社側は、法律で決められたから仕方なく「定年選択制」を採用しているが、実際は、年齢の高い、つまり勤続年数の長い人は給料が高いので、できれば早くやめてほしい。年齢の高い社員1人分の給料で、若い社員なら2人雇うことができる。だから、定年後の社員を優遇する気など毛頭ない、と考えたほうがいい。

もちろん、それまでの経験を買ってくれ、定年後も大事に扱ってもらえる場合もないではないだろう。だが、一般的には、それはあまり期待できないと考えているほうが、後でがっくりくることを避けられそうだ。

こんなさびしい思いをこらえながら働いても、65歳でジ・エンド。ここから再び職を探すのはいっそう難しくなる。

会社をやめるという選択肢

◉楽しくなければ働き続けられない

日本ではまだ「寄らば大樹の陰」と考える人が少なくないのだろう。いったん入った会社を途中でやめる人はまだ少数派だ。最近の若者はあっさり会社をやめてしまう、と嘆《なげ》かれる20~30代でも、「会社をやめたいと思ったことがある」は半分程度だという。

40代、50代になると会社から「そろそろ早期退職はどう?」と肩を叩かれることもあり、「こちらから退職を言い出すなんて、そんなもったいないことはできない」と考え、「やめる」という考えはぎゅっと封印してしまう人が大半だろう。

だが、これからは、もっと柔軟な考え方をするほうがよさそうだ。

65歳の定年まであと十数年。そこから先もまだ働き続けることを、本気になって考えてみよう。かりに定年後も働き続けられるとしても、いまの仕事に生きがいや面白みが感じられないとしたら、この先、いつまでもその仕事を続けられるだろうか。モチベーションを持ち続けられるだろうか。

それ以上に、さらに続けることにどれほどの意味があるだろうか。

これまでは、家族のために仕事をするという思いも小さくはなかった。だが、50歳を過ぎたころからは、もっと自分本位の人生を歩んでいきたい。そう考えたとき、**もっと自由が感じられ、もっと楽しめる仕事にシフトしたいと思い始める。それは、とても大事なことだ。**

だから、そんな気持ちが1ミリでも湧いてきたら、できるだけ早めに、仕事を変えることを考えてみるほうがよさそうだ。

同窓会に行ったときなどに、まわりの人の生き方をそれとなくチェックしてみよう。想像以上に「いろいろな働き方があるのだ」と目が開かされるのではないだろうか。

◉会社をやめるのは簡単だ

誤解のないように最初にお断りしておくが、仕事をやめなさいと煽《あお》るつもりはまったくない。だが、折り返し点からの生き方、働き方を考えるとき、現在の自分にこだわっていては、自由に飛び立てない。

そのためには、会社をやめた自分を想像してみる。そこから、今後のビジョンを広げていく手もあるはずだ。

情報サイト「Raorsh」によると、**現在、50代男性のおよそ16人に1人が仕事をやめている。女性は9人に1人以上の割合だ。**

やめていく理由は、給料が低い、労働条件が悪い、のほか、「仕事の内容に興味が持てない」「能力を生かせない」も上位を占めている。ほかに「人間関係がうまくいかない」もかなり多い。

だが、私は、会社をやめていった16人に1人の男性、9人に1人の女性の肩を「よく、やめた!」とポンと叩きたい。1度しかない自分の人生を、「やめたい」と思うような会社に行き、興味が持てない仕事をして過ごすなんてあまりにもったいないからだ。

多くの人は、おそらくこう考えているのだろう。

いま仕事をやめたら、家族の生活がおびやかされる。子どもの教育も続けられないだろう。それでは男として、夫として、父親として無責任じゃないか。

共働きで暮らしを立てている家庭も同じだろう。どちらかが仕事をやめるだけでも、それまでの家計のバランスは大きく狂ってしまう……。

いや、こんなことは、自分に対する言い訳にすぎない。実際は、勇気がないだけ？ いや、自分の人生と真正面から向き合うことを避けているといわれても、仕方ないのではないか。

いまの会社が面白くない。毎日、会社に行く足取りが重いなら、そして、本当に会社をやめたいなら、50代は最後のチャンスだ。まだ、それほど年をとっていない。転職後も新しい仕事先に、十分貢献できる時間が残っている。

決断するなら、早いほうがいい。

後半生は、それまでと違う道を追いかける

◉江戸時代も「人生二毛作」だった

人生を二つに分け、後半生では本当に自分が好きだったことをやるという生き方は、江戸時代でも〝あこがれ〟の生き方とされていた。

江戸時代には「老後」という言葉はあまり使われなかったと聞く。当時は寿命が短く、老後というほど人生は長くなかったから、というわけではない。

確かにいまほど寿命は長くなかったが、そのかわり、人生を歩む足取りも速かった。10代で家業を受け継ぎ、一人前に働き始めることは珍しくなく、女性も10代のうちに嫁入りが決まらなければ、世間体が悪いとされた。

引退するのも40代早々。江戸ではこのころからを「老入《おい》れ」といっていた。「老後」ではなく、「老入れ」。仕事を引退するのを待って、本当にやりたかったことを始める、という生き方をする人も少なくなかったという。

よく知られている1人が、歩測で日本全図をつくった伊能忠敬《いのうただたか》だ。

忠敬は17歳のとき、下総《しもうさ》(千葉県北部と茨城県西部)で酒造を営む伊能家の養子となり、傾きかけていた家業を盛り返したばかりか、ついには名主になり、伊能家を大いに高めるなど、十分に役割を果たした後、49歳で家業を長男に譲っている。

ようやく家業から解き放たれた忠敬は江戸に出て、子どものころから大好きだった和算(算学)や天文・暦の勉強を始め、ついには日本国中をくまなく歩き、正確な日本地図を作り上げるという、歴史に残る大仕事を成し遂げている。

こうした生き方をしたのは忠敬だけではなく、商家の主《あるじ》だって、若いころは商売一筋。息子に家業を譲るころになると、好きな俳諧《はいかい》の道に進んでいく。そんな例もまれではなかった。

『養生訓《ようじょうくん》』で知られる貝原益軒《かいばらえきけん》も、「老入れ」から花を咲かせた人だ。

益軒は18歳から福岡藩に仕え、途中、藩主の怒りを買い、職を辞していた期間もあったが、35歳で復職。もともと学問で藩に仕えるはずが、朝鮮通信使への対応など、学問以外のことで奔走《ほんそう》させられた。ようやく職を辞することができたのは70歳になる直前。そこから念願だった執筆稼業に入り、代表作『養生訓』は益軒83歳のときの著作だ。

こんなふうに、人生二毛作、後半生で、本当にやりたかったことをやって大きな結果を残すという生き方は実にかっこいい。

そのためには、若いころからの夢を捨ててしまわず、50歳ぐらいから、そろそろその道に目を向けて、できることからやり始めるという姿勢を大事にしていきたい。

◉楽しそうだなと思ったら、1歩踏み出そう

これまでに出合った中で、「なんだか楽しそうだな」と思ったものがあったら、後半人

生はそうした仕事をする。考えただけで、心が躍り出しそうだ。

人生100年時代だ。後半人生は、これまでとまったく異なる仕事をしてみるのも楽しい選択肢ではないか。選ぶ仕事は何でもいい。

待遇がいいとか、社会的な地位が高いというようなことよりも、やりがいが強く感じられるとか、どうしても、その仕事に強く惹《ひ》かれるという仕事。人生第二の仕事は、そんな仕事を選んでまっしぐらに進んでいきたい。

たとえば、子どものころに「大人になったら○○になりたい」と思った○○に挑戦してみるのはどうだろう？

医師は、昔からあこがれる人が多い仕事の一つだ。若いころにも、医師になりたいという気持ちを持っていたという人は少なくないはずだ。

だったら、挑戦してみよう。

実際、社会人出身の医師はかなり多いそうだ。社会人を受け入れる医大も増えているという。

「そんなことをいったって、50歳を過ぎて難関の医師に挑戦するなんて、無理に決まっている」と断念してしまうか、やるだけやってみようと思うか。そこで後半の人生は大きく

分かれる。

ネットで検索すると、50歳過ぎで医師になった人は、もちろん、多数とはいえないが、けっこういる。

医師には高い知識と技術が求められるが、同時に、患者さんと向き合い、患者さんの気持ちをすくい上げ、寄り添っていくという人間関係のスキルも欠かせない。そうした点では、人生経験を積んだ人のほうが抜きん出ていることが多く、その意味からも、50歳以上の〝新人医師〟の存在は貴重だそうだ。

とくに現在、地域社会に根をおろし、在宅医療を担う医師は圧倒的に不足している。若いころからほかの分野で仕事をし、そこから医師を目指す人の中には、純粋に、現在欠けている部分を補いたいという志を持つ人も少なくない。

知人のMさんが医師を目指そうと決心したのは50歳過ぎてから。公務員としての仕事をこなしながら勉強し、医学部の編入試験に受かったのは54歳のとき。その6年後に国家試験に合格。還暦を迎えた年だった。

もちろん、若いときにくらべて物覚えは悪くなっている。勉強しながらの仕事も手を抜けないなどハンディも多い。だが、あきらめることなくがんばれば道は開けるという、よい例だ。

ちなみに、これまでの医師国家試験合格者の最高年齢は62歳だそうだ。勇気が湧いてくるではないか！

後半生の仕事は、収入第一でなくていい

◉年金はやっぱりありがたい

なぜ仕事をするのか。いや、仕事をしなければならないか。

「決まっているじゃないか。お金が必要だからだよ」。本音の答えはこうだろう。

いまの世の中、お金がなければ生きていけない。大方の人は、生活するため、家族を養うため、仕方なく仕事をしていると思い込んでいる。

生きがいを感じられる、とにかく好きだ、仕事をしていると楽しい……。お金プラスこうした答えをつけ加えられるという幸せ者は、そう多くはないのが現実だろう。

だが、折り返し点からの人生は少し違っていい。この先は、一応、年金というベースに

なる収入は約束されているのだ。

第二の仕事は、年金では足りない分を補うとか、少しでも余裕のある生活をキープできるくらいの収入でいいと考えると、見えてくる景色はかなり変わってくると思う。

◉ゆるい目標が、新しい可能性を引き寄せる

こうして、欲しいお金（収入額）を下げると、毎日、仕事に出かけなくてもいい。1週間に3日程度、それでお小遣いプラスαぐらい稼げればいいというような、新しい働き方が見えてくる。その結果、選択肢はかなり広くなるはずだ。

これまでの会社で引き続き雇用してもらうのも悪くはないが、たとえば、この際、自分で仕事を立ち上げる、起業するという道はどうだろう。

起業するというと「若い世代、あるいは働き盛りの30～40代が多いのでは？」と考えるだろうが、最近の調査では、**60代の起業は増えており、起業家の年代別では19・9％、ざっと5人に1人は60代だそうだ**（「2015年度　起業と起業意識に関する調査」日本政策金融公庫）。

ある起業コンサルタントの話によると、シニア起業の失敗率は、若い世代にくらべて圧

倒的に低いという。

何よりも、それまでの人生で培《つちか》った経験という最高の〝資本〟を持っているという強みがあるからだ。

また、長年、サラリーマン社会で競争に揉《も》まれてきているから、仕事に対する厳しさをよく知り、きちんと対応するから、顧客の信頼感はハンパじゃない。

特定のジャンルにしぼった社員教育、たとえばビジネスマンの営業テクニックやマナーを教える、ビジネスレターやメールの添削指導をするなど「えっ、これで開業するの?」というような簡単なことから始めてみるのもいいと思う。

◉〝趣味の延長ビジネス〟の成功率は意外に高い

都市部の住宅街などに、こぢんまりとした店なのだが、1歩入ると、その店ならではの独特の雰囲気がある……。最近はこんな店も増えている。オーナーは、40~50代の、子育てを終えて一段落、というミセスや趣味を生かしてシニアになってから店を持ったという例が多い。

私が住む街をぶらりと歩いただけでも、「レトロな文具やオリジナル文具の専門店」「日本各地の職人や作家がつくり上げた食器を集めた店」「世界中のカエルグッズを店いっぱいに並べた店」……など、のぞいているだけで気持ちがほっこりしてくるような店がいくつも見つかる。

英国文化に造詣が深く、英国関係の著書も多いオーナーの英国グッズの店は、イギリス郊外のストリートマーケットをのぞいているような楽しさでいっぱいだ。

このように、自分の「好き」をいっぱいに集めた店は想像以上に成功率が高いようだ。「好き」のエネルギーは高く、同じようなものを好む人を引き付けるのだろう。お客さんも「好き」が高じたマニアみたいな人が多いはずだから、ちょっと見ていくだけのつもりが、気がつくと30分も1時間も話し込んだりしてしまう。

こうしているうちに気分も高まり、気がつくと「これ、ください」となりやすく、売り上げも増えていくということになるのだろう。

「カエルグッズの店」など、どれほど需要があるのかわからないようなものばかりが並んでいるのだが、開店からもう10年はたっている。意外なほどの〝しぶとさ〟を支えているのは、やっぱり「好き」の強さだろう。

シニア起業を成功させる二つのポイント

◉ほとんどの人が100万円未満で開業

「人には多少の背伸びが必要だ。背伸びしないと成長できない」よく聞く言葉だ。だが、シニア起業の場合は、むしろ、背伸びはせず、「身の丈」の範囲内でスタートするほうがよいようだ。

背伸びをして大きな投資をし、結果、失敗してしまったら、ダメージが大きすぎて後半人生の計画が無に帰《き》してしまうこともあるからだ。

実際、50代からの起業経験者に開業資金の額を聞くと、半数以上が100万円未満と答えている。「100万円くらいなら、損をしてもなんとかなる」と思えたら、起業に踏み切れそうではないだろうか。

それまでの経験で得たものをタネとして、それを教える、活用する、いわゆるコンサルタントなどなら、ウェブ上の起業からスタートする方法もあり、だ。

100万円未満の起業なら、自宅の1室を事務所にして、社員も自分1人。クライアントが増えてきたら、事務所を借りる、アルバイトを雇う……などと、しだいにステップアップしていけばいい。

◉週末起業から始めてみる

「ろくに休みもなく、こき使われている」と思っている人もいるだろうが、実際は、多くの勤め人は1年220日ほどしか働いていない。週休2日制に加えて、国民の祝日、夏休み、有給休暇……。休みは想像以上に多いのだ。

この休みを有効活用すれば、退職まで待たなくても起業はできる。50代くらいから、週末だけビジネスを始めてある程度の基盤を作り、定年後の第二の仕事にうまくつなげていくことができれば理想的だ。

ただし、ウィークデイは現在の仕事、週末や休日は第二の仕事と、まったく休みがなくなってしまう。したがって、家族との時間などプライベートの生活に影響が出る、体調の維持が難しい、本業に影響が出ないようにうまく自己管理する必要があるなどの問題点もある。

これらを家族とも十分に話し合い、理解を得る、できれば協力態勢を整えるところまでこぎつければ、半分は成功したのも同然。週末起業に向いているのは、以下の業種だ。

(1) ホームページの運営……ブログなどで独自のコンテンツを展開し、多くのアクセスがあると広告が張られるようになる。これがけっこうよい収入になる。

(2) ネットショップの運営……実店舗を持たないで販売業を営む。DIY製品やハンドメイド品を販売すれば、コスパも上々のはずだ。自分の作品のファンが増えれば大きな生きがいになるし、退職後、リアルな店舗経営へと発展する可能性もある。

(3) プログラミングやウェブデザインなど……自分が持つ技術を提供して、収入につなげる。完成作品を気に入ってもらえれば、多くのクライアントがつくし、そうした中からレギュラーな依頼やスケールの大きな依頼に発展していくケースも。

(4) コンサルタント……これまでの仕事で蓄積していた知識で、悩みを持つ人の相談にのり、アドバイスを行う。経営コンサルタント、営業スキルを教える営業コンサルタント、投資コンサルタントなど、さまざまなジャンルのコンサルタントが求められている。

相談者が増えてきたら、本格的な企業へとステップアップしていくのもよい。

◉深追いしすぎないことも肝に銘じておく

「日本の社会は、敗者復活戦を認めない社会なんですよ」

仕事で出会ったある経営コンサルタントは繰り返し、こういう。日本では一度、会社を倒産させると、ほとんどの場合、家や預金など個人の資産も洗いざらいなくなってしまうのだ。そのうえ、もう一度立ち上がろうとしても、銀行は二度と相手にしてくれない。

「社会的にも、個人的にも、〝死んだ〟のも同然になる」と、コンサルタント氏はいう。

アメリカでも、事業の失敗は失敗。だが、再起の余地はちゃんと残されている。たとえば、トランプ大統領は大成功をおさめたビジネスマンという印象があるが、これまで4回も会社を破産させている。

最初の破産は1991年。その後、92年、2004年、2009年と自ら経営する会社を倒産させており、一時は1000億円近い借金を抱えていたそうだ。だが、その8年後の2017年、第45代アメリカ大統領に就任している。

その後のトランプ政権のやり方を見ても、彼がすさまじいまでの成功への執念の持ち主であることがわかるが、そうであっても、日本ではこうはいかない。

若いうちならまだしも、50歳過ぎでの〝社会的な死〟から再起するのは、相当厳しい。

だから起業後、経営がうまくいかなくなったら、なんとかもう少し……とがんばりすぎないことだ。

ほどほどのところで撤退し、できるだけダメージを少なくするほうが得策だということを、肝に銘じておこう。

「第二の人生」から職種を180度変えた人びと

◉豆腐屋のオヤジに転身した敏腕記者・清水建宇さん

これまでの人生では生きがいも感じられたし、社会的な成功も手にすることができた。でも、あんな仕事もしてみたかったなあ……。そう思うなら、50歳からは、そういう仕事を目指すのもかっこいい。

バルセロナで本格的な日本豆腐店を開いてしまった清水建宇《たてお》さんの話は、痛快だ。

清水さんは、少年時代から強く志望していた新聞記者になり、論説委員にまでなったのだから、記者としてはかなり成功した1人といってよい。テレビのニュース番組でコメンテーターを務め、そのまま、日本にいれば大学教授になるとか、講演を行ったりメディアへ執筆したりするなど、ジャーナリストとして活躍の余地はあったはずだ。

だが、清水さんは60歳で定年退職すると、さっそうとスペインのバルセロナに移住してしまった。この地で本格的な豆腐屋さんとなり、現在も豆腐を作っては毎日、店先に立って売っているというからびっくりだ。

でもなぜ、敏腕記者がスペインへ？

清水さんは社会部で、殺人事件などを追いかける部署で長く過ごした。その後、記者生活の終盤になってから、「世界名画の旅」という特集企画の担当となり、世界各地を飛び回ることになった。このとき、訪れたバルセロナにすっかり心をとらえられてしまったのだ。「定年後はバルセロナに住む」と決意すると、当時から、家族にはもちろん同僚にも「バルセロナに移住する」と触れて回ったという。

「これからはこうする」と決意したら、早々とまわりに話してしまうのも一つの手だ。こうすれば、その後に決意が揺らいでも、もはや引っ込みがつかなくなる。

それにしてもなぜ、豆腐屋さんに？

理由は簡単だ。Sさんは大の豆腐好き。でも、スペインでは豆腐は手に入らない。そこで、自分で作るほかはないということになったのだそうだ。

超多忙であったため、定年前には移住の準備も豆腐作り修業もほとんどできず、スペイン語の勉強は定年退職の1週間前にようやくスタートしたくらい。豆腐作りは退職後、地元の豆腐店に半年通ってなんとか身につけたという。

バルセロナで豆腐屋さんを営んでから、約10年。日本食ブームの追い風もあって、いまではスペイン人客が60%と、日本人客よりも多いというから立派なものだ。

おかげで「70歳までは豆腐店をやり、その後は、奥さんと一緒に世界を旅して回る」という人生の第3幕のほうはおあずけになっているそうだ。

◉元エリート広告マン、いま鍼灸師

友人のEさんの第二の仕事が鍼灸師《しんきゅうし》、と聞いたときには一瞬、絶句してしまった。大手広告代理店の花形クリエーターとして名を轟《とどろ》かせ、中年以降はどんどん出世していたからだ。

そんなEさんが定年から5年後に、両親が亡くなって住む人がいなかった実家をリフォーム。「E鍼灸院」を開院した。

鍼《はり》や灸《きゆう》と聞くと、いかにも古い！　というイメージがあるが、その効果が科学的にわかるようになってからというもの、あらためて、神経系や内分泌系にもたらす効果の大きさが注目されている。

Eさんが人生を折り返した後、鍼灸師になろうと思い立ったきっかけは、こうだ。中年から腰痛に悩むようになり、評判の療法を片っ端から試してみたが、治らない。唯一、効果を感じたのが鍼だったというところからだった。

すぐに鍼に関する本を読んでみると、鍼は全身のさまざまな不具合に効果を示すことを知り、ますます興味を引かれていった。そしてついに、定年後は鍼灸師になろうと決意するにいたる。

最近は資格の多くはウェブを駆使して通信教育で学べるが、鍼師・灸師は実技が重要であるため、最短で3年間学校に通わないと、国家試験の受験資格がとれない。しかし、鍼灸師養成の専門学校には夜間部があるところもあるから、こうしたところを活用すれば、定年を迎えるまでに資格を取ることができる。

Eさんは激務をこなしていたため、養成学校に通い始めたのは定年後になってから。だが、逆に、完全に集中できたからだろう、国家試験も1度でクリアすると、前述のように実家をリフォームして開業。いまでは、1人ひとりの患者さんの悩みと向き合うという、心底やりがいのある毎日を送っている。

◉エリートという自意識から解放される

偏差値の高い大学を出て、誰でも名前を知っているような大会社に勤め、ひたすら上を目指してがんばっていく。そんな生き方をしてきて、そろそろ50歳を迎える……。

このとき、胸のうちには、複雑な思いが浮かんでいるはずだ。

意外だが、目標どおり出世してきた人ほど、これまでの生き方にむなしさを感じていたりする。そこまでくる間に、犠牲にしたものも少なくないからだろうか。出世競争に明け暮れていた知り合いは、「会社内での競争に神経をすり減らしていた」といっていた。

反対に、出世コースから外れてしまった人は無念さ、悔しさが心に残り、違う意味でそれまでの人生にむなしさを感じている。

だが、豆腐屋の主も鍼灸師も、自分の腕だけで勝負する、組織人とはまったく異なる生き方だ。こうした選択こそ、人生を二度生き、二度楽しむ、つまり、人生を本当に味わいつくし、楽しみつくす生き方だといえるかもしれない。

老後は人との触れ合いが最高の報酬

◉システムエンジニアから保育士に

コンピュータ関連の仕事は今後もますます需要が増えていく。Hさんは、IT大手でシステムエンジニア（SE）としてバリバリ仕事をしていた。だが、40代の半ばを過ぎたころから、この先もずっとこの仕事をやっていくのかと疑問を抱くようになったという。

仕事の相手は、巨大なコンピュータシステムだ。感情もなければ感動もない。もちろん、巨大プロジェクトともなればチームを組んで仕事をすることが多く、人間的な触れ合いがゼロというわけではないのだが……。

もっと、人間らしいやりがいを嚙《か》みしめる仕事をしたい。50代になったころから、そんな思いが日増しに強くなっていったという。

ある日、孫の保育園のお迎えを頼まれた。それまでは奥さんがお迎えを担当し、共働きの子ども夫婦の子育てをサポートしていたのだが、その日の朝、ぎっくり腰になってしまったのだ。

保育園に行ってみると、かわいい子どもたちがいっぱい。保育園の先生は子どもにとって、何よりも親しく、頼りになる存在だ。心から先生を慕う様子も愛らしい。それを見たHさんは、突然「定年になったら、保育士になろう」と決意してしまった。

といっても、保育士になるにはどうしたらいいのか。それさえ見当もつかない。さっそく調べてみると、学科試験と実技試験があり、実技試験を受けるには学科試験をクリアしなければならないなどの概要がわかってきた。

学科試験は通信教育でもOK。これまでの合格率は受験生全体では20%弱だが、通信教育講座の多くは70%以上と高い実績がある。それだけ、真剣に学ぶ人が多いということなのだろう。

「ともかく、通信教育を受けてみよう」。Hさんはすぐに手配をし、思い立ってから2週間後には、もう勉強を始めていた。

◉ピアノの弾き歌いも独学でマスター

保育士試験には、子どもたちが歌うときに伴奏ができるように、簡単なピアノの弾き歌い、お絵かき、子どもにお話をする試験などもあり、ピアノをマスターするのには苦労したそうだが、それらもどうにかクリア。

ピアノといっても、子どものころ、ピアノを習っていた娘さんにいわせれば、初級程度。慣れれば、それほど難しいわけではなかったそうだが。思い立ってすぐに始めたために時間はたっぷりあり、焦らずにできたのもよかったともいう。

それから数年。定年退職を迎えたHさんは、満を持して、近くの保育園で働き出した。

「おじいさんの先生はちょっと……」と難色を示す保育園もあったそうだが、実際に採用した保育園にいわせれば、「お孫さんがいるので小さい子どもを扱いなれているし、子どももすぐになついて、お母さん方の間でも大好評です」ということだ。

Hさんのようなおじいさん先生はまだ少ないそうだが、子育て、そして孫の世話を経験し、幼児のかわいらしさのとりこになり、あらためて勉強し直し、おばあちゃん保育士になった例はけっこう多いという。

これからの時代、共働きはますます増えていくだろう。現在も人手不足で困っているというから、保育士は後半人生の仕事として、大いに有望な仕事の一つといえるのではないだろうか。

迷ったら突き進む。諦めたら後悔は一生続く

◉後半人生=ラストチャンス!

50歳ごろからの後半人生は年齢的にはまだまだ若いのだが、新しく仕事を始めると考えた場合は、ラストチャンス! だと考えよう。これから新しく勉強を始め、必要ならば資格をとるなどして再スタートするのだ。この後、また、同じことを何回もとは考えにくい。**ラストチャンスといっても、二度とやり直しがきかないという意味ではない。だが、ダメだったらまたやり直せばいい、というような真剣さの足りない態度では、あまりうまくはいかない。**そう、いいたいのだ。

「これが最後の挑戦だ」と肚《はら》を決めてかかったほうが、成功の確率も高くなるだろう。少なくとも、そう考えれば、真剣度はいっそう増すはずだ。

物覚えは悪くなっている。身体も動かなくなってきている。はっきりいえば、若いときよりもハンディは多いと覚悟することも必要だ。だが一方で、これまでの経験や豊かな人間関係など、定年が近い年代の人には、若い人にはないプラスの資産もたくさんある。

何事もプラスとマイナスが半分ずつ。世の中、うまくバランスがとれているものだと感心する。

ラストチャンスだから、といって必要以上に自分にプレッシャーをかけるのは、かえってマイナスになる。むしろ、最後のチャンス！　という緊張感を前向きにとらえて、その緊張感を楽しむのもいいし、試験に落ちてしまったとしても、「また、チャレンジすればいい」と鷹揚《おうよう》にかまえるくらいの度量も欲しい。ラストチャンスのリピートだってあっていいのだ。

ただし、せっかく心を決めてスタートを切ったのだから、途中で断念するのは絶対にNGだ。

試験に合格したあと、実際に働かせてくれるところを探すのもかなり大変だ。さらにもうひと山越さなければならない、というくらい大変かもしれない。

だが、求め続ければ、必ず通じる道はある。実際、Hさんは、ちゃんと受け入れてくれる保育園を探し当てている。どんなに困難な道でも、自分があきらめてしまわない限り、可能性が閉ざされることはないはずだ。

◉やめてしまえば、そこですべてが終わり

後半人生に新しいチャレンジをすると宣言すると、家族の誰かが反対に回ることもあるだろう。

「もう、定年まで働いたんだ。あとはゆっくりのんびり過ごしたら」はまだよいほうで、新しく仕事をしようとすると、「いい年をして、いまさら保育園で働くなんてみっともない」などと反対されることも考えられる。

だが、こんな反対は完全無視しよう。ものともせずに、まっすぐ自分が思うとおりに突き進んでいけばいいのだ。

前にも述べたように、**人生の後半戦は100％、自分のための人生、ジコチュー人生だと決心し、明らかに迷惑をかけるのでないのなら、自分の思いどおりにやっていこう。**

ここで妥協すると、今後、その後悔をはらす機会はないと考えたほうがいい。

前半人生は家族のためというウエイトがかなり高く、自己満足度はそこそこだ。そのうえ、後半人生も自分の思いどおりにならないなんて、これでは何のための人生だったのか、と嘆きたくなるだけだ。

◉宙に浮いてしまった「健康カフェ構想」

退職したら、健康によいメニューだけを厳選して出す小さなカフェを開き、そこで、週に1～2回、現役時代に培《つちか》った、健康な毎日を支える食の話をする。

そんな夢を温めていたNさん。官庁で、国民の健康問題を食という観点から考え、全国を回って、その実行をレクチャーしたり、イベントを開催するなどの仕事に定年までたずさわっていた。その経験から、一般の人々の栄養知識はまだまだ不十分、あるいは偏っていると感じていたためだ。

実際に家をリフォームし、1階にカフェ用の広いスペースを作り、キッチンなども備えたのだが、いよいよというときになって、家族から反対の声が上がった。

「儲《もう》からなくてもいい。長いキャリアを通じて自分が得たことを、まわりの人に還元していきたい」というNさんの姿勢がまったく理解されなかったのだ。

「儲からないなら、あえて苦労を背負い込むことはない」。夫が突然、こう言い出したのだ。子どものない夫婦だったから老後も2人暮らし。これからは一緒に旅行を楽しみたいというのが、夫の希望だった。

結果からいうと、Nさんはカフェの計画をやめ、定年後は、地域のコミュニティ活動で体操やコーラスに行って時間を費やす、そんな日々を過ごし、年齢を重ねていった。その間にパートナーを見送り、完全な1人暮らしになった。

そうなってみると、「健康カフェ構想」を断念してしまったことが残念でたまらない。文字どおり、明けても暮れても、長年の思いを実現しなかったことを悔いている。もし、意思をつらぬいてカフェをやっていれば、そこで新しい友達も生まれ、1人暮らしでもやりがいのある日々は続いていっただろうに。

思いきって開業し、失敗に終わることももちろん、あり得る。だが、失敗もまた経験だ。少なくとも「何もしなかった」後悔よりも、貴重な何かを得られたはずだ。

◉後半生に備える資格あれこれ

いまの仕事や職場にこれといって大きな不満はない、という人はラッキーだ。そんな人には水を差すようだが、では、いまの仕事は定年後も続けられるかどうか。

これも、50歳ごろに真剣に考えてみたいポイントだ。

人生はどんどん長くなっていく。60～65歳で定年になったら、あとは悠々自適、のんびり暮らすさ、とゆったり構えていられたのは平成、いや、昭和の時代までかもしれない。

頼りの年金は、正直、こころもとない。つまりは、定年後もなんらかの形で働き続けるというイメージといおうか、覚悟は持っていたほうがよい。

ここらで、いまの仕事は定年後も続けていかれるかどうか、シビアな目で見てみよう。厳しいようだが、ほとんどの場合、答えは「NO」だと考えたほうがいい。

こんなとき、何か資格を持っていると、ちょっとだけかもしれないが、有利になる。また、その資格を核に、少しでも自分の「好き」に近い仕事を探しやすくなる。

シニアに人気の資格は以下のとおりだ。

◎ツアーコンダクター（添乗員）・旅程管理主任者

ツアーコンダクター（添乗員）になるには、「旅程管理主任者」の資格が必要となる。国内添乗員は日本国内のみ添乗ができる「国内旅程管理主任者」、海外添乗員は日本国内・海外とも添乗が可能な「総合旅程管理主任者」の資格を取得する。

資格取得は、旅行会社、添乗員派遣会社などが行っている基礎添乗員業務研修を受け、その後、国内ツアーに先輩添乗員と1～2度同行して添乗を経験する。こうして1人で国内ツアーを仕切れるようになれば、無事に独り立ちとなる。

海外ツアーの添乗員を希望する場合は、海外添乗員向けの総合旅程管理者研修を受講し、終了後、実際の海外ツアーに先輩添乗員と同行して添乗員実務を経験し、その後、独り立ちする。

◎健康生きがいづくりアドバイザー

超高齢化時代をいかに健康で、生きがいを持って送るか。現役時代とは考え方をスイッチし、自ら「生きがい」を探り当て、つくっていかなければならない。健康生きがいづくりアドバイザーは、それぞれの人にとっての生きがいづくりを支援し、実現していく専門職だ。他の組織との連携づくりを進めるコーディネーター役も務める。

資格を得るには財団法人「健康・生きがい開発財団」が行っている養成講座や通信講座で学んだ後、資格審査試験を受ける。

◎家庭料理技能検定

家庭料理のスキルに栄養学の知識を組み合わせた、実践的な料理技術を認定する資格。最近はＳＮＳに料理をアップし、人気を得たことから、料理教室を開いたり、デリカテッセンなどに料理を提供したりするなど、家庭料理の達人からプロへと歩みを進めるケースもある。

そんなときも、「家庭料理技能検定」資格を取得していると、プロへの道も開けやすい。1級（食物系大学卒業程度）、準1級から5級（小学生程度）までのランクがある。

試験は筆記と実技があるが、通信教育で取得を目指す人が多いようだ。

◎レクリエーション介護士

介護が必要になった人をサポートする介護士とは異なり、高齢者とのコミュニケーションをスムーズに行ったり、高齢者に楽しんでもらえるレクリエーションの企画・実行法を提案するスペシャリスト。

介護関連の資格はさまざまあるが、「レクリエーション介護士」は高齢者が喜び、介護者も楽しみながらお世話でき、これまでよりもワンステップ進化させた介護を実現するために欠かせない存在といえるだろう。

1級と2級があり、通信教育でも資格取得可。

◎終活ライフケアプランナー

いま、もっとも注目を集めている資格の一つ。「終活」の必要性をアピールし、さらに、終活に伴う医療、介護、葬儀、お墓、相続などの専門的な知識を持ち、終活についてのアドバイスやサポートを行う資格。養成講座、通信講座を受けて、資格を取得すると、保険業界、葬儀業界で契約社員として働く可能性が開ける。

鬱屈だらけなら、スパッとやめてもなんとかなる

◉大手企業を退職。でも家族中が明るいIさん

繰り返すが、50歳あたりで、これまでの仕事の内容ややり方を見直したほうがいいとはいったが、会社をやめたほうがいいとか、別の仕事で再出発するほうがいいとすすめているつもりはまったくない。

だが、毎日、押しつぶされそうになっているのだとしたら、先のあてがなくても仕事をやめる、という生き方だってあることは知っておきたい。世の中、そんなに甘くはないかもしれない。だが、私は、ストレス満タンの暮らしを捨てることは、前を向くための第1歩だと信じたい。

丈夫な身体と前向きな心があれば、それから先もきっとなんとかなる。

さまざまな重荷を振り捨てて身軽になった分だけこだわるものがなくなり、自由にどこ

にでも飛んでいける。飛んでいった先には、根を下ろす場所がきっとある。

そんな生き方を実現した、Iさんという知り合いがいる。

Iさんの経歴は詳しくは知らない。「パソコントラブルを出張・解決します」という折り込みチラシで知り合った人だ。

10年ほど前から、ときどき出張してきてもらっていたが、聞けば、大手企業を〝性に合わない〟と退職し、パソコンの出張サポーターの仕事を始めたという。それなりにお客はあるようだが、これだけで高校生の息子、小学生の娘さんもいる家族の生活は厳しいだろう。だが、再び企業に就職しようとは思わないといっていた。

奥さんも働いている。住まいの近くのパン工場で深夜〜早朝まで、焼きそばパンなどの中身を詰める仕事だそうだ。深夜だと時給はかなり高いから、1日数時間働くだけで、家族の生活費ぐらいはちゃんと稼げると笑っていた。

親がめっぽう明るいから家族も明るい。いつも、幸せ感を漂わせていた。

◉突然、地方に移住。そこで出合った楽しい仕事

そんなある日、家族は山梨県に移住していった。祖父の残した家があり、そこに住むと

いう。家は廃屋同様だったようだが、彼らはほとんどDIYで修復した。50代に入ったことを機に、自然と向き合ってマイペースで暮らしたくなったそうだ。仕事の目途は? と聞くと「何にもないけど……。なんとかなりますよ」と笑う。

実際、移住してすぐに、近くの遺跡の発掘を手伝うという仕事を見つけた。山梨には縄文遺跡が点在しており、移住先の近くでも発掘が進んでいたのだ。時給1000円ほどで、いわばバイト。実際、彼のほかは、ほとんどが学生や近所の主婦だったという。

だが、奥さんと2人なら、1日数時間ほど発掘を手伝い、プラス、ときどき上京して、パソコン指導も行う。これで、ちゃんと暮らしはたつそうだ。

それから数年、彼は現在、パソコンのスキルを生かして遺跡のデータを入力、管理する責任者になっている。

偶然入り込んだ道だったが、遺跡の発掘、データ収集、整理はめちゃくちゃ面白いそうだ。奥さんも、いまでは発掘チームのリーダー格になっていて、毎日いきいきと働いているという。

そう広くはない庭だが、自分たちで食べる野菜はほぼ自給自足。お定まりのようだが、彼はそば打ちにものめり込み、奥さんは自然発酵パンづくりに熱中している。

子どもたちは、男の子は東京の大学に進学。アルバイトに励みながら、ちゃんと卒業し、いまはトルクメニスタンで石油精製関連の仕事をしている。女の子は山梨で専門学校に進み、理学療法士になった。

いまもときどき、上京のついでにパソコンを見てもらうことがあるが、いつ会ってもストレスゼロという表情で、いい生き方をしているなあとしみじみ思う。

「なんとかなるよ」とドンと構え、生きたい生き方に向かっていく。その先には、ストレスと無縁の日々が待っている、といえるかもしれない。

52歳からのIさんは、いわばフリーター生活だ。遺跡発掘チームでは古株になってきたから、いまのところ仕事にあぶれることはないが、かといって先が保証されているわけではない。

でも、○○勤務、安定した生活というような枠にとらわれないで、何よりもストレスフリー。Iさんのように、できるだけストレスを感じない生き方を選んでいく。後半人生を目の前にすると、こんな柔軟な生き方に妙に心が惹《ひ》かれてしまう。

3章◉職場、伴侶、親子、友人…

人間関係は、リセットとメンテナンスが肝心

人の顔色をうかがうのは、もうやめよう

◉「NOといえない」は思い込み

入社以来、常に周囲の人と和を保つように気を使ってきた。結婚してからは、何でも相手の言い分を聞き入れるようにしてきた。

こうした〝気遣い疲れ〟がたまってきて、50歳前後になると、人間関係にも長い間のひずみがたまってきて、ストレスがかさむようになってくる。

とはいえ、人は生まれてからこのかた、まったく1人では生きていけない。まず、親がいる。親がいれば祖父母もいる。歩き始めれば近所の人と出会い、それから保育園、小学校、中学、高校……。学校に行けば同じクラスの子がいて、先生もいる。

仕事はまさに人間関係で成り立っているといえるだろう。上司、部下、得意先……。社会人になってからは、会社で浮いてしまったり、無視されたりしないように、飲みたくもない酒を飲み、二次会のカラオケまで付き合ったりもする。

やっと家に帰りつけば、奥さんが「子どもの塾を増やしたいの。でも、生活費はもうギ

リギリなのよ。あなたのお小遣い、少し減らしてくれない？」などといってくる。

こんなとき、思いきって「NO」といえたら、どんなにスカッとすることか。そう思ったことは一度や二度ではないだろう。だったら、「NO」といえばいいのだ。

意外かもしれないが、「NO」といえないと思い込んでいるのは自分だけ、という可能性は小さくないのだ。

最近の若い世代は、年に一度の忘年会さえ「ええ？　行かなきゃいけませんか。今日、デートなんで私はパス」なんて平気でいうようだ。50代だって、そういえばいいのだ。

奥さんに対しても、「これ以上、小遣いを減らせといってもムリだよ」とはっきりいおう。そうすれば、「そりゃそうよね。いまだって足りないかも、と思っているもの。うーん、じゃあ、私ががんばるしかないわね。パートの時間をもう少し増やすとか」

ひょっとすれば、そんな返事が待っているかもしれない。

◉空気も顔色も、もう読むのはやめる

２０１７年に流行語にもなった「忖度《そんたく》」という言葉。他人の心情を推《お》し量ること、また推し量って相手に配慮することを表す。とくに、立身出世や自己保身などの理由で、上司

など立場が上の人間の心情を汲《く》み取り、フェアではないと自覚しながらも、そこは目をつぶって相手の都合のよいようにとりはからうことをいう。

日本の社会にはびこっている、悪《あ》しき習慣の一つといっていいだろう。そんなことに気を使ってばかりでは神経がすり減るだけ。肝心の仕事がおろそかになることは、目に見えている。

50代にもなれば、そこまで神経をすり減らしてきたものの、現状は必ずしも、それに見合うものではないこともわかってくる。空気を読んでも、相手の顔色を読んでも、忖度しても、思っていたほど評価はされず、出世もできない。政治の世界はともかくとして、ビジネスの世界はある意味でもっとフェアで、もっとシビアだからだ。

いくら空気を読んでも、忖度しても、仕事ができなければ評価はされない。もちろん、出世も望めない。

反対に、KY（「空気が読めない」の略）でも、忖度しなかったとしても、結果を出していればそれなりに認めてくれる。相手に見る目がある場合は、という断り書きつきであるところは否めないが……。

だからもう、空気を読んだり相手の顔色を読んだりして、神経をすり減らすのはやめてしまおう。

自分がこうだと思ったことをちゃんという。自分が信じる方向に迷わず向かっていく。それでダメなら、こちらからお断りだ、というくらいの強さがあってもいい年齢だ。

逆に、あなたが部下を持つ立場なら、空気を読まない、顔色を読まないという部下でも、それだけの理由で評価しないというような、バカバカしい態度は絶対にとらないようにしよう。

50代に入れば、本質がわかる人間になっていたいと思わないか。

結婚生活をメンテナンスする

◉夫婦ほど不思議な関係はない

夜中にふっと目が覚めた。そんなとき、隣に眠っている夫、あるいは妻が突然、不思議な存在に見えた。そんなことはないだろうか。

十数年、いや20年以上、運命共同体として一緒に暮らし、2人の遺伝子を受け継ぐ子どもいる。でも、親子と夫婦はどこかが違う関係だ。

それも当然で、夫婦は家族の中で唯一、血がつながっていない。元はまったく他人なのだ。いまの時代、結婚相手は自分で選ぶのが普通だから、隣に寝ているのは「自分が好きで選んだ相手」。つまり、いまの相手と暮らしているのは、あくまでも自分の意思、自分で選んだ結果なのだ。

結婚を決めるとき、ほかにも候補がいて、揺れ動いた結果の選択だったりすると、「別の人を選んでいたら、いまごろ、どうなっていたのだろう?」という思いが浮かんできたりする。

夫婦とは、それほどデリケートな関係なのだということを、ときどき、心に刻み直したほうがいい。

◉相手と向き合うよりも大事なこと

50歳前後になると、結婚生活もかなりの長さになってくる。マイホームだって、築後20年近くなれば、あちこち補修する必要が出てくるものだ。結婚生活も同じだ。ここらで結婚生活を真正面から見直して、ひずみや欠けに気づいたら、早々にメンテナンスするようにしよう。

家でも、お気に入りのものでも、長持ちさせるコツは日頃からの手入れ、メンテナンスだ。まして、人生でいちばん大事な人間関係といえる結婚生活だ。

結婚生活のメンテナンスの第一歩は、相手と向き合うことではなく、自分自身と向き合うことだ。気がつかないうちに、自分の本当の気持ちからズレてしまっていないだろうか。自分が本当に望んでいるのは、いまの2人の関係性なのだろうか。

1979年に公開された『クレイマー・クレイマー』というヒット映画がある。毎日、平穏に暮らしていると信じ込んでいた夫。だが、ある日、妻が突然、家を出ていってしまう。しかも、幼い子どもを残して。

突然、子育てをしなければならなくなった夫は悪戦苦闘。やがて、妻が家を出ていった理由が明らかになる。妻はこういったのだ。

「私のいままでの人生は、誰かの娘、誰かの妻、誰かの母であって、私自身として生きてこなかったような気がするの」

その結果、自分自身として生きていこうという思いが強いと、『クレイマー・クレイマー』のように、突然の出奔《しゅっぽん》となるのかもしれないが、できれば、そうした思いを相手に伝え、これから先の関わり方をあらためて考えてみる。
そんな機会をつくれれば、それだけで立派なメンテナンスになるはずだ。

◉熟年になったら、マヨネーズ型の夫婦がいい？

「夫婦は合わせもの」という言葉がある。元は赤の他人なのに、いまはこうして運命共同体として、人生を共に歩んでいる。不思議といえば、これほど不思議な関係はない。その不思議な関係性を「合わせもの」と表現しているのだ。

「合わせる」といっても、表面的に、相手にただ従うという「合わせる」ではなく、互いに相手の価値観を受け入れる、相手の生活習慣に寄り添っていく……。やがて2人の個性が混じり合い、それまでとは違う形のものに変わっていく。そんなマヨネーズのような変化が起これば素敵だと思う。

マヨネーズを手作りしたことがある人なら、わかるだろう。

マヨネーズは卵黄、酢などにサラダ油を混ぜていき、塩、マスタードなどで味をととのえて作る。ポイントは、卵黄などにサラダ油を混ぜていくところだ。一気に混ぜようとすると分離してしまい、とろっとなめらかに仕上がらない。油を少し加えては混ぜ、また、少し加えては混ぜるという工程をていねいに、根気よく繰り返すのだ。

こうして完成したマヨネーズは、卵黄ともサラダ油とも異なった、新しいおいしさを持つ一品になる。

夫婦も、こうした〝混ざり方〟こそ理想だと、私は思う。

単に「合わせる」のでは、どちらかにウエイトがかかり、ストレスがつのる心配がある。こうした関係で長く夫婦として暮らしていくと、しだいに違和感が大きくなり、ついには離婚、という結末にもなりかねない。

お互いに相手を受け入れ、同化・調和していき、最後には2人融合した考え方、暮らし方が完成されていく。そんな理想的な夫婦を目指すなら、50歳ごろから、お互いの意識をそうした方向に向ける必要があるはずだ。

これから先のお互いの意識の持ち方が、どんな老夫婦になるかを決定する。このことをしっかり認識し合おう。

◉親しき仲にも「ありがとう」と「ほめ言葉」あり

あらためて相手を「もともとは他人」だという認識を持つと、ふだんの会話が違ってくる。ちょっと何かをしてもらっても、すぐに「ありがとう」とか「すまないね」という言葉が自然に口から出るようになるなど、いい意味で、相手を〝他人〟として接するようになるからだろう。

こうした日々の「言葉かけ」は、2人の関係をよりなめらかに、よりあたたかい雰囲気に変えていく絶大な効果がある。

何かを頼むときでも、「ごみ、出してってよね！」ではなく「今朝はちょっとバタバタしてるの。悪いけど、出かけるとき、ごみを出していってくれる？　助かるわ」と多少、他人行儀な言い方をすれば、頼まれたほうも自然に「そうだよな、お互いに忙しいんだから、ごみ出しぐらい手伝わなくっちゃ」という気持ちになるだろう。

欧米の夫婦は、結婚から何年たっても、毎日のように「ダーリン」「ハニー」などと呼び合い、毎日抱擁し、キスをする。特別に愛し合っているからだけでなく、習慣になっているのだろう。

日本人がここまでやるのはムリかもしれない。でも、何かしら見つけてほめるくらいは、中年からの夫婦関係をスムーズにするための努力目標にしてもいい。

欧米では、ちょっとしたことでも「Thank you」という。お店の人にも、子どもにも、もちろん夫や妻に対しても。

日本でも「ありがとう」を、もっとこまめにいうようにしよう。1秒もかからない「ありがとう」のひと言が、ともするとギスギスしがちな人間関係をなめらかなものにする効果は大きいと思う。

もっと口にしたいのが「ほめ言葉だ」。

夫が休日、デニムをはいたら「あら、かっこいいじゃない」とほめてあげる。奥さんがヘアスタイルを変えたら（ちゃんと気づくこと！）、「なんか雰囲気、変わったね。似合ってるよ」とか「絶対、本当の年齢には見えないよ」とほめることも忘れないように。

「おせじじゃないの」とわかっていても、ほめられてうれしくない人はいない。

長年連れ添った夫婦でも、いや、長年連れ添って、少々ダレてきた夫婦だからこそ、ほめられれば、思いがけないほどうれしいものだ。

◉変わってきた、夫婦のあり方

50代を襲う憂鬱《ゆううつ》の原因の一つは、経済的な負担がどっしり肩にのしかかってくることだ。

まだ、どこかに「夫は一家の大黒柱。しっかりお金を稼いで、家族を支えていかなければならない」という考え方が残る最後の世代だから、だと思う。

最近の若い夫婦はまったく違う。２人で働き、稼いだお金を２人で使うことが当たり前になっているのだ。有名タレントの夫婦だって「家賃は彼が払う。そのかわり、食費などは私持ち」などとあっけらかんと話している。

気がつけば、ＴＶドラマでも、奥さんが家にいるという設定は稀《まれ》になり、交代で子どもを保育園に送り届け、それからダッシュで職場に向かうシーンが増えている。

北欧などでは50年以上も前から、夫も妻も働くのは当たり前。経済が発展して生活レベルが上がると、それにつれて生活コストも上がっていき、１人の稼ぎではしんどくなる。また社会的にも、できるだけ多くの人が働いて社会に貢献し、子どもはまとめて数人の保育士が面倒を見るほうが経済効率が高い。

スウェーデン人と結婚し、40年近く前にスウェーデンで暮らす友人がいるが、結婚当時、移り住んだ住宅街の昼間は誰もおらず不思議に思ったという。いうまでもなく、奥さんはみな働きにいっていたのだ。

いま、日本が直面している労働力不足。この解決法の一つも、女性や高齢者がもっと社会参加することだ。

日本の50代夫婦も、時代が変わったことから目をそらさず、結婚生活はあらゆる面で2人の力を合わせてやっていくものだ、という新しい時代の考え方に切り替えていこう。

◉妻が働き、夫が家を守った蜷川家の場合

夫婦共働きどころか、奥さんが働き、夫が家庭に入り、主夫になるというケースも見聞きすることがある。

惜しくも2016年に亡くなられたが、世界的な演出家・蜷川《にながわ》幸雄さんは、結婚後しばらく、主夫をしていたことで知られている。

結婚したころ、蜷川さんは俳優として舞台や映画に出演していたが、俳優としては大した才能がないと感じ始め、演出家に転身しようと思い立った。

だが、転身当初は演出の仕事はほとんどなく、年収はわずか40万円程度。それでは暮らしていけないからと、奥さんが代わりに一家の大黒柱として仕事中心の生活に切り替えたという。奥さんは当時、真山知子《まやまともこ》の芸名で活躍していた俳優だった。俳優としては幸雄さんよりずっと売れていて、映画やテレビドラマなどで活躍していた。

幸雄さんが「演出家になろうと思う」と言い出したとき、奥さんは「俳優と結婚したのに、これじゃあ詐欺《さぎ》だ」と思ったそうだが、「男は夢がないと生きていかれないんだよね」といって、自分が稼ごうと肚《はら》をくくった。

その後、妊娠・出産。生まれたのが、現在、独特な世界観を表現する写真家、映画監督としても大活躍している実花《みか》さんだ。

幸雄さんは「オレが主夫になって、育児・家事は全部引き受けるから」と、奥さんの背中を押して、復帰させた。朝食を作って妻を送り出し、子どもに離乳食を食べさせる。その後は掃除、洗濯、買い物、夕食作り。その間に、子どもをお風呂に入れ、寝かしつける……。こうした暮らしは、なんと6年間も続いたという。

その後、幸雄さんの演出家としての仕事が認められるようになり、2人目のお子さん・麻美さんが生まれるころから、今度は奥さんが主婦業に〝復帰〟した。麻美さんは出版関係の仕事とやはりキャリアの道を歩んでいるそうだ。

やがて、幸雄さんの演出は世界でも高く評価されるようになったことは広く知られている。奥さんもただ家庭を守っていたのではなく、家庭ベースでもできる仕事を始め、いまでは、ユニークな色彩感覚をフルに発揮したキルト作家として活躍している。

もとより、家庭の仕事、生活を支えていくことに男はこうするもの、女はこうするもの

という決まりはない。どちらでも、できるほうができることを担っていく。その役割分担は、時に応じて入れ替わってもいい。

世間がどう見ようと、人が何といおうと、自分たちがそれでよいという生き方を選んで、貫いていく。

こうした臨機応変で柔軟な考え方、生き方も選択肢の一つに入れておこう。

離婚に突っ走る前に、いったん足を止めてみる

◉意外や、後悔する人が多い熟年離婚

「オレ、バツイチや」

明石家さんまさんが大竹しのぶさんと離婚したとき、額にバツ印を書いて記者会見したことがきっかけだったとか、離婚すると大きなバツで戸籍を訂正することから生まれた言葉だとか諸説あるが、ともかく「バツイチ」「バツニ」などと離婚を「バツ」で表現することになってから、離婚が軽いものになった——というのはうがちすぎだろうか。

実際に離婚は徐々に増えている。中でも注目されるのが、結婚後かなりの期間、生活を共にした中高年夫婦の、熟年離婚が目立って増えていることだ。現在、熟年離婚は、離婚総数の20%近くになっているという。

熟年離婚を思い立つタイミングは、主に以下の三つ。

(1) 定年退職時

(2) 子どもがある程度、成長したとき

(3) 老親の介護問題が起こったとき

もちろん、よくよく考えたうえの離婚なのだろう。だが、**熟年離婚後、しばらくして「本当に離婚してよかったか」と尋ねると、「実は後悔している」という答えが意外なくらい多いという。**

後悔する理由の一つは「経済的に厳しい」。それまで、フルタイムの共働きを続けていた場合ならともかく、パートや契約社員として仕事をしている場合は、2人のお金を合わせて暮らしていたころとは大きな違いに直面することになる。

もっと年をとったら……という場合にアテにする「年金分割」も、思ったよりハードルが高い。

まず、相手の合意がなければ受け取れない決まりだ。ただし、専業主婦は別。どうしても分割してほしい場合は裁判を起こすことになる。

ほかにも条件があるので、離婚に踏み切る前に社会保険庁などに問い合わせ、ちゃんと調べておかないと、アテがはずれることも多いと覚悟しておこう。

財産分与も、分与の対象になるのは結婚後2人で築いた財産のみが対象。熟年といっても、サラリーマンなどではそれほど大きな蓄えがあることは少なく、これも期待ほどではないことが多いようだ。

◉嫌いで別れたのに「なぜ、こんなにさびしいの？」

意外なようだが、こうしたお金の問題以上に、**離婚後のさびしさ、孤独感がたまらなくつらい、という声も少なくない。**

人間とは本来、わがままな生き物だ。一緒に暮らしていたころは、相手の存在がわずらわしい。1人になったら、どれほど気分よく暮らせるだろうか、などと考える。

だが、いざ別れてみると、疲れて家に帰ってきても、「あ～あ、疲れた！」とグチをこぼす相手がいない。「いい天気だね」とか「今日はめちゃくちゃ寒いなあ」などの、別に相手の返事があってもなくてもいいような言葉でも、独り言と聞き手がいるのでは大違いなのだ。

考えに考えた末に熟年離婚に踏み切った友人がいる。彼女は、それまで一緒に住んでいたマンションをもらい、そのまま住み続けた。それが原因だったのかもしれないが、しばらくの間、夜、風が吹いてドアがカタッと鳴っても、「あれ、帰ってきたのかしら」と玄関のほうに行きかけたと話していた。

「けんかさえ、いまは懐かしい」とこぼした離婚経験者もいる。

生きるということは、別に特別なことではなく、毎日のなにげないやりとりや互いの気配、そこに相手がいること、というような些末《さまつ》な日常の繰り返しなのかもしれない。「失ってはじめて気がつく」というわけだ。

だが、気づいたときにはもう相手はいない。取り戻すこともできない……。その後悔は想像以上に深いものであるようだ。

◉離婚でも別居でもないという「卒婚」

ある女優さんが離婚をしたとき、「もう結婚はいいかな、と思ったんです。いってみれば結婚を卒業する、卒婚かな」と発言したことから大きな話題になったものだ。

この「卒婚」という新しい夫婦の形が登場したのは十数年前から。

一般的には、卒婚は、子育て期が終わったシニアなどが結婚生活を続けながら、夫婦それぞれが互いに干渉せずに、やりたいことを自由に積極的にしよう、という新しい結婚のカタチをいうようだ。

法律的に夫婦関係を解消しない。これは、想像以上に大きなことだ。たかが紙切れ1枚のことと考えるだろうが、籍が入っている以上、法的にはもちろん、互いの気持ちのうえでも「夫婦である」という意識は断たれないからだ。

子どもがいれば、子どもへの影響も小さくできるし、社会的に必要な場では夫婦として振る舞うこともできる。

卒婚の具体的なライフスタイルは夫婦が互いに決めればいいので、まさに十組十色。別居をして卒婚を選ぶ夫婦もいれば、同居を続けながら意識を切り替えるという卒婚もある、という具合だ。

相手を嫌いになるほどではないが、ライフスタイルや趣味の違いから、これまでのように、何でも一緒にやっていこうというシバリを解く。あるいは『クレイマー・クレイマー』

の例ではないが、長年、主婦、母としてやってきた妻が、これから先は悔いのないように、1人の人間として自由に羽ばたいて生きていきたい。そんな場合には「卒婚」もあり、と一考してみる価値はありそうだ。

ただし、「卒婚」をうまくいかせるには、ある程度の経済力は必要だ。とくに、妻側に自分の好きなことを実現するだけの経済力がないと、精神的にも成り立たないだろう。夫に経済的に支えてもらっていながら、自分が好きなように暮らしたいというのは勝手すぎ、通らない。

実は、私のまわりには「卒婚」別居をした夫婦が2組もいる。共に籍は抜かず、十数年後に再び同居生活に戻って、いまは仲むつまじく老いの日を助け合いながら過ごしている。

少し距離をおいてみたところ、相手のいいところがあらためて見えてきたり、年齢を重ねた結果、お互いに寄り添う気持ちのゆとりが生まれたりするのだろう。

2組とも、「あのままずっと結婚生活を続けてきたら、こうはいかなかっただろう」と語り合うことがよくあるといっている。

夫婦とは、間に波風もあれば、アップダウンもある。だが、長く続ければ続けるほど、滋味と呼べるような深い味わいが出てくるのではないだろうか。

年配の人には懐かしい、往年の名女優、グレタ・ガルボがこんな言葉を残している。
「結婚をしないで、なんて私はバカだったんでしょう。これまで見たものの中でもっとも美しかったのは、腕を組んで歩く老夫婦の姿でした」

成人したら、子どもは〝いちばん親しい他人〟

◉もたれ合う親子関係をリセットしよう

50代前後はある意味、もっともしんどい年代だ。もう給料は上がらない。だが、子どもが一人前になるまでにはもう1歩。とにかくがんばらなければ、と自分にハッパをかけている。まさに、胸突《むなつ》き八丁《はっちょう》だ。

子どもがかわいい気持ちはわかるが、かといって、過剰な自己犠牲をはらう必要はない。高校生ぐらいになったら、親の懐《ふところ》具合をある程度話して聞かせ、子どもにもそれなりの理解と自覚を持たせよう。

こんな例がある。

専業主婦の奥さんは毎月のやりくりはするものの、大きなお金の管理はダンナさんに任せていた。２人の子どもを大学に行かせたが、在学中には２人とも、それぞれ、海外で３週間ほどのホームステイを経験させた。

ところが定年になったとき、そうしたお金はみな、ローンだったことがわかった。奥さんに教育ローンを借りるといえば、パパの給料が少ないからだなどとグチを聞かされる。それがイヤなばかりに、夫は妻にも子どもにも事情をいわずに、ローンを組んだというわけだ。

子どもが行きたいといえば、親はできるだけ叶《かな》えてやりたいと思うものだ。だが、何がなんでも、となると単なる親バカにすぎないといいたくなる。

いったいどんな夫婦関係だったのか、子どもを甘やかすにもほどがあるなどと、はたがあれこれいうのは簡単だ。

だが、こんなふうに、**夫だけ、親だけが奮闘するのはもうやめよう。もたれ合う関係を続けた先に待っているのは共倒れしかない。**

子どもには親の事情をちゃんと話し、「海外に行きたいなら、１年間バイトをがんばって来年、自分の力で行ってこい」といえばいいのだ。もちろん、奥さんにも事情を正直に話し、奥さんの考えを聞けばいい。

こうして、それぞれができることをする。みなでがんばり、みなで支え合う。そんな親子関係を目指したいと、私は思う。

◉成人した子は独り立ちした別の人格

ある女性キャスターから聞いた話だ。子どもが2歳になったころ、夜11時からの情報番組のメインMCの話を持ち込まれた。引き受ければ、毎日、帰宅は深夜になる。迷いに迷っているとき、ある日、尊敬する評論家にばったり出会い、「やってみたい仕事があるのですが、子どもがまだ小さいですし……」と相談してみた。

答えは「お子さんに聞いてみるといいよ」。

まだ2歳なのにわかるだろうかと思いながら、一緒にお風呂に入りながら、子どもに話をしてみたところ、お子さんはしばらく考え、「お仕事してるママがいい」と答えたという。

こんな小さいときから、子どもは子どもなりに自分の考えを持っているものなのだ。

彼女は感に堪えないというように、話してくれた。

そして実際、その仕事が飛躍のきっかけになり、彼女はいまもTVの世界で華やかに活躍している。

とかく日本の親は、子ども自身の考えを尊重しようとしないで、いつまでも親の考えを押しつける傾向が強い。進学先はいうまでもなく、就職先、結婚相手など、何でも首を突っ込み、親の思いを押しつけようとする。

若いころ、ロンドンで暮らしていたことがあり、私には外国人の友人が何人かいる。ネット時代になって以前よりコミュニケーションがとりやすくなり、メールなどでよく互いの家族の話などをすることがある。

共通するのは、彼らはかなり小さいときから「親と子どもは別の人格である」という考え方を持っており、親の考えを子どもに押しつけるというようなことは、みごとなくらい、まったくしない。日本の親も彼らのように、すっきりとした親子関係を目指さないといけないと強く思う。

海外では成人として扱われる18歳が目安。ここから先はきっぱりと子どもを自立させ、親も子離れする。日本でも、まあ、学費ぐらいは出してやるとしても、小遣いくらいは自分で稼ぐように自覚をうながそう。

◉実家を出ない「子ども部屋おじさん」が増えている

最近、ネットでよく見かける「子ども部屋おじさん」という言葉。これは、実家から出ることがないまま中年になり、そのまま子ども部屋に住み続けている人をいう。

就職した当初は家賃を払うと生活がかなり厳しい。実家から通勤すれば家賃はタダ。そのうえ、食事も洗濯もついている。何から何まで好都合だと、いまだに昔から使っていた子ども部屋に住み続けている。そんな男性が増えているというのだ。

もちろん、子ども部屋おばさんもいる。

何の不自由もないし、結婚も先送りしているうちに、気がついたら30代から、ついには40代へ突入。でも、いまさら家事サービスつきでタダ、なんていう〝物件〟はないし、とだらだら住み続けているうちに、とうとう「8050問題」の1人になってしまうというわけだ。

「8050問題」とは、主に50代前後の子どもを80代前後の親が養っている状態を指し、経済難からくる生活の困窮や当事者の社会的孤立、病気や介護といった問題によって親子共倒れになるリスクが指摘されている。

それなりの学歴があり、きちんと仕事をしている人もいるが、ひきこもって働こうとしなかったり、アルバイト程度に働くだけで、生活の基本は親の年金というケースも少なくない。いわゆるパラサイトシングルが高齢化したパターンといえる。

原因はさまざま考えられるが、問題の根っこは、親の自覚が足りないことにあるのではないだろうか。

部屋を空けておいても仕方がない。そのまま使えばいいじゃないの。高い家賃を払って、狭いアパートでキュウキュウとして暮らすなんてかわいそう。子どもに苦労をさせたくない……。こんなことをいっているからダメなのだ。

子どもが20代のうちに、つまり親が50代ぐらいでまだ力がある間に、子どもをしっかり自立させよう。社会人になったら断固として家から出す。衣食住、すべてを自分の力でやっていかせるのだ。それが大人の基本なのだから。

同時に、それを機に、以後はもう親は口を出さない。この先、どんな生き方をしようが子ども自身の問題だ。会社をすぐにやめてしまおうと、若気のいたりでさずかり婚をしようと親はあれこれ口を出さないと決めよう。

「５０２０」の段階で、親は子離れし、子は親離れする。それが結局、子どものためであり、親自身のためにもなる方法なのだから。

◉「老後を子どもに見てもらおう」はナンセンス

最近は40代になってからの結婚も珍しくない。懇意にしている編集者もそうだった。いつも背筋がピンと伸び、まっすぐ前を向いている。仕事にのめり込むあまり、結婚願望はないのかなと気になっていたが、ちゃんと長く付き合ってきたカレがいて、「そろそろ正式に結婚しようと思っています」という。なんだかわが事のようにうれしかったものだ。

ところが、なんと両親が大反対なのだという。理由は「あんたには老後を見てもらうつもりなんだよ」。ほかのきょうだいらもそのつもりで「それなら財産を放棄してもいい」と話し合っていたともいうそうだ。

こんな呆れた話はないと私は大いに憤慨《ふんがい》していたが、まわりに話すと、地方ではまだ、こうした考え方の親が少なくないというから、私はもう一度驚き、怒った。

「老後は子どもに頼る」というのは、日本では昭和の中ごろまでの考え方だと思う。いまもこんな考え方がまかり通っているのは一部の発展途上国ぐらいではないか。

こうした国や地域では、年金など社会保障制度がないために、働けなくなったら、子どもに頼るほかに生活していくことはできないのだ。

日本にはすでに国民皆年金制度があり、健康保険制度、介護保険制度も整っているのだ。

とはいえ、こうした制度は不十分で、不安になるのもよくわかる。

だが、いま、老いた親を抱える世代は経済的にも時間的にもいっぱいいっぱいなのだ。老後は子どもに見てもらう。それもこの子に見てもらう、と決めつけるなんて、その子の一生を台無しにしかねない。

親であれば、そんなことはできないはずだ。これからは、親も子も、人生の最後まで自分の責任で生きていこうと肚をくくろう。ギリギリまで自分の力で生きていく。それができなくなったら、社会保障制度など与えられる状況を受け入れて生きていけばいいのだ。

子どもに見てもらおうという前に、自分が子どもだったらどうだろう、と立場を入れ替えて考えてみるといい。

◉親の介護は、自分の老いの先取りだと考える

人生を折り返し、ようやく一息つけるとほっとしたのも束《つか》の間、今度は親の老いが気になってくる。親の長生きはうれしいことだが、その背後には、いずれは「介護問題が起こる可能性」が潜んでおり、実際、ある保険クリニックの調査によると、約51%が「親の介護」について心配しているか、もしくはすでに親を介護している。

親の介護問題は深刻で、熟年離婚の原因になることも増えていると聞く。

親を大事に思わない人はいないだろう。だが、感情論と現実は大きく違う。

私は老いた母に付き合って母の家に引っ越し、しばらく同居した経験者だ。親の衰えが進んでくると、親への愛情と現実のシビアさ、さらには仕事との折り合いをつけねばならないという事情も抱え、かなりしんどい思いをした。

きょうだいもいるが、さまざまな事情で、私が母の介護を引き受けることになってしまったのだ。そのことも大いに不満で、当時の私はイライラしてばかりいたような気がする。

このとき、私の支えとなったのが、老人問題の専門家がいってくれた言葉だ。

「いまは、自分の老後を先取りして経験していると思えばいい。介護はいつか必ず、自分自身の問題になるからね」

いまになると、この言葉の真意がしみじみと身に沁《し》みる。

こうした経験から、私は、以下のようなシビアな発言をよくしている。
・親の介護は軽々に引き受けてはいけない。だが、兄弟姉妹の誰かが引き受けなければならない問題だと覚悟する。
・トイレケアなどが必要な場合は、実子が引き受けることが原則。どんなにいいお嫁さんでも、他人のトイレケアをさせるのは酷《むご》いことだと心得る。
・実子がケアをできない場合は、感情を抑えて施設介護を検討する。無理な努力は長続きしないし、それを誰かに強いた場合は、やがてどこかにひずみが生じる。
・施設介護を選べば、当然だがお金がかかる。親の蓄えでは足りない場合は、兄弟姉妹ができるだけ平等に負担すること。

もちろん、それぞれが事情を抱えている。だが、それを言い出したら収集がつかなくなり、それが原因で、兄弟姉妹の仲がおかしくなることも少なくない。

いずれにしても、老親の問題は、人生後半期に襲いかかってくる、最大にして、最高にシビアな課題だと覚悟だけはしておいたほうがいい。

友達づくりは自然体がいちばん

◉上辺だけの付き合いは、パスする

誰にも好かれ、いつもみなの中心で笑っている……。そんなシニアはいかにも理想的な

姿のように見える、と考えている人も多いと思う。だが、意外にもこうした人の実像は、自分1人でいるのは心細い、さびしい、自分では自分を支えられない、という人であったりすることが多い。

しかも年をとるにつれて、だんだんさびしくなる。定年になると仕事仲間と毎日、顔を合わせることもなくなってしまう。子どもが成長すれば、ママ友付き合いの機会も減っていく。だから……と、これからは、積極的にシニアの友達づくりをしようと思い立ち、趣味の会に参加するなど、人間関係を広げる努力を始める人も多いだろう。

こうした会では終わった後、「お茶でも」とか「ビールでも飲まないか」と声をかけられると、これも友達づくりには大切だと考え、誘われるままに参加する。

その後は、アフター会にも参加することが当たり前になり、毎回、1~2時間、よけいな時間を費やすようになる。だが、こうした努力は、ほとんど実ることはない。

実は私自身、この数年でいくつか習い事を始め、アフター会のお茶飲みにもしんぼう強く付き合ってきた。その結果、「大して意味はない」という結論に達している。

1~2時間、世間話をして「じゃあ、また」を繰り返しても、友人といえるほどの仲になることは、めったにないとわかってきたのだ。心のどこかでムリして人と付き合っても、しょせんは上辺だけの知り合い。それで人生が豊かになるというほど、友人関係は浅いものではない。

もちろん、ありあまるほど暇があり、時間つぶしのつもりなら、お茶飲み、ビール飲みもいいだろう。だが、今後に備えて友人を増やそうという目的は果たせないことを知っておこう。

そもそも、老後に向かうからといって、友達がそんなに必要だろうか。幼稚園じゃないのだから、この年になって「みんな仲よく」「友達１００人できるかな」なんて思わなくてもいいじゃないか。

◉異なる世界との出合いを楽しむ

人はあんがい行動範囲が限られているものだ。学生時代から就職して今日まで、考えてみると、実にせまい世界で生きてきたと思うことはないだろうか。

たとえば、文系だと映画や芝居、本の話をする仲間ばかりだったりするだろうし、理系だとコンピューターが開いていく未来だとか、宇宙探索の話などで盛り上がる仲間しかいない……など。

だが、できればその両方を楽しみたいと思うようになる。人生も半ばを過ぎたここらで、これまでとはまったく違った世界に首を突っ込んでみるというのも面白そうじゃないか。

Yさんは IT企業のSE（システムエンジニア）。忙しいこともあって、これまで頭の中はこまかな数列やその配列のアイデアなどでいっぱいだった。同僚や学生時代の友達と話すのも「5G時代になると社会や暮らしはどうなるの？」というような話が主だった。

そんなある日、待ち合わせのかなり前に約束の場所に着いてしまったことがあった。カフェでぼんやりするのもいいけど、もっと面白い時間つぶしはないかとスマホで近隣を検索したところ、新しくプラネタリウムができたという情報がヒット。足を運んでみた。

プラネタリウムなんて学生時代以来のことだったが、Yさんは、一瞬で天文の世界にはまってしまったのだ。すぐにプラネタリウムで開かれている勉強会に参加するようになり、たちまち、仲間がたくさんできた。年齢も性別も、生活環境もまちまち。ジャーナリストあり、医者あり、美学生あり、俳優志望の青年あり……。

ただ、「星好き」という1点でつながっているこの仲間は限りなく楽しく、新鮮な刺激にも満ちていて、きっとこの先、一生付き合っていく仲間になるだろうと思うようになっているという。

Yさんの例ではないが、**人生の折り返し点に届くころになったら積極的に行動範囲を広げていき、出会いの機会を増やしていこう。**できればシニアが多い会ではなく、老若男女が入り交じった会を選ぶと、そこで出会う人もさまざまなバックグラウンドを持っていて、大いに刺激を受けると思う。

人であれ、ものであれ、新しい出会いは、幸せに通じる道の入り口なのだ。

大人の恋を、正々堂々と楽しもう

◉「いい年をして…」はヤメにしよう

日本人はとかく、恋は若者のものだと思い込んでいる。だが、私にいわせれば、若いときの恋は衝動に突き動かされて、という部分が多い。以前、ある作家が「若いときの恋は性の衝動による」というようなことをいって、ブーイングされたことがあるが、これは本音を突かれてギクッとしたというところではないか。

本当の恋は、人間的にも大人になり、世の中の酸《す》いも甘いも知った中年のほうがふさわしい。

実際、その年代になると、ルックスや社会的なスペックに振り回されなくなり、相手の真の姿に心惹《ひ》かれるようになる。大人の恋は、ここから始まるのかもしれない。

世の中に自分以外の人間が存在する以上、いくつになっても、人に惹かれるのは自然なことだ。惹かれる対象は異性であることが大半だろうが、同性でもかまわない。LGBT（Lesbian＝女性同性愛者、Gay＝男性同性愛者、Bisexual＝両性愛者、Transgender＝性別越境者）が教科書に載る時代、人を愛することに妙な差別感を持つのは、もっとも大人げないことだといえるかもしれない。

といっても私自身、つい最近まで、同性愛者などには微妙な違和感を覚えていたというのが本当のところだ。だが、最近、放映されたTVドラマ『きのう何食べた？』（原作・よしながふみ）を見て以来、違和感はすっかり消えた。

このドラマは弁護士のシロさん（西島秀俊）と美容師のケンジ（内野聖陽）の同棲生活を描いたものだが、シロさんとケンジの間で交わされる感情のやりとりは、男女の関係とまったく変わるところがない。

乙女（？）なゲイ役の内野聖陽の演技が絶品で、私はあらためて、芝居というのはこういうものかと何度もうなった。実際、内野聖陽はこの演技で「ザテレビジョンドラマアカデミー賞・主演男優賞」を受賞している。

◉愛の根底はリスペクト

ドラマの話はともかく、人は愛する相手がいると、一見、平凡な毎日がこんなにも楽しく、幸せになるのかと目を開かされた。

といっても、私はなにも不倫をすすめるわけではない。目の前にいる奥さんやダンナさんと、若い日のように、ときめきのある関係を取り戻せば、それで十分だ。

「いいトシをしていまさら」という感情は追い払おう。

恋愛感情の底には、相手に対するリスペクトが不可欠——が私の恋愛観だ。はたしていまの自分は、相手からリスペクトされる何かを持っているだろうか。まず自分自身に問うてみよう。そして、あらためて、いつまでも愛される存在であり続けるよう、ふだんの言葉遣いや振る舞いを見直す気持ちを持つことだ。

その結果、ほかの人を好きになったり、はたまた思いがけない人に愛されてしまったりしたら……。さらに望外《ぼうがい》の幸せと、新たなる悩みが始まるかもしれないが、そこから先は自分の判断しだい。

平々凡々の人生も悪くはないが、まだ、冒険できない年ではない。本当の自分の気持ちに従えば、後々、後悔することはないはずだ。

◉触れ合うことで高まる幸福感

外国映画やドラマを見ると、どの国でも、夫婦はしょっちゅうハグやキスをし、「愛しているよ」という言葉を交わしている。欧米に限った習慣ではなく、アジアの国々でも夫婦の触れ合いは、日本よりはずっと盛んではないだろうか。

実は、この一見ベタベタした触れ合いは、幸せな人生には不可欠だということがわかってきた。近年、幸せホルモン・オキシトシンの研究が急ピッチで進み、オキシトシンの驚くべき効果が明らかになってきたのだ。

オキシトシンは「幸せホルモン」と呼ばれる脳内物質。ストレスを癒《い》やして、幸福感を高める神秘的な力を持つホルモンとして、一躍、脚光を浴びている。

このオキシトシンは、ボディタッチなど、人と人との身体の触れ合いによって、分泌がうながされるのが特徴だ。夫婦や親子、もちろん他人でもいい、盛んに抱き合ったり、キスしたり……。欧米の人間関係は、まさにオキシトシン分泌を盛んにする習慣で成り立っているといえそうだ。

日本でももっと気軽に、ハグしたり、キスする習慣を取り入れよう。

でも、1人暮らしでそういう相手がいない、という人もあきらめる必要はない。ペット（哺乳類）との触れ合いや、感動したときなど、その感情を素直に表す、思いやりの心を実際の行動に移す、などでもオキシトシンの分泌は盛んになるという。

なお、ペットの中ではイヌがいちばん、オキシトシン分泌に貢献するそうだ。

人間関係で失敗しないための「聞く」トレーニング

◉口を開く前に1・2・3…と数える

不徳のいたすところといえばそれまでだが、私は人間関係の失敗をずいぶん繰り返してきた。ある程度、年をとってきたいま、さすがにこれ以上、失敗はしたくないと切に思うようになっている。

前述したように、シニアになってから、新しい友人や仲間を増やすのはけっこう大変だ。それなのに、せっかくできた友人を、ちょっとした不注意や感情の乱れで失うのはもったいなさすぎる。

なぜ、失敗するのか。私の場合は、いわなくてもいいことを口にしてしまうことが多い。ほとんどは相手の態度にイラッとし、自分のコントロールがきかなくなってしまうのだ。

そこで私は、口を開く前に、お腹の中で「1・2・3……」と数えることを習慣にするようにしてみた。子どものころ、母親に「あんたは口が悪いのよ。……何かいう前に〝ちちんぷいぷい〟でも〝だるまさんがころんだ〟でもいいから、けんか封じのおまじないだと思って、お腹の中で唱えてごらん。口にブレーキがかかるから」と注意されたことを思い出したからだ。

おまじないの言葉は何でもいい。言葉が口から飛び出る前に、一瞬おく。たったそれだけのことで、よけいな発言をかなり抑えられるのだ。

実際、こうするようになってから、私は、自分で自分をほめたいくらい、人間関係での失敗が少なくなった。といっても、これでようやく人並みレベルというところだろうが……。

ちなみに、口にしてはいけないタブー言葉は次の五つだ。

・「以前はこれでも部長だったんですよ」というような**過去の肩書の話**。

・**自慢話**。自分だけでなく、子どもや孫の自慢話もNGだ。

・逆に、**不幸自慢**もNG。お互いに「私はここが悪い」「私だって、あそこが悪い」などの病気自慢は、はたで聞いていても滑稽《こっけい》なだけだ。

・**同じ話の繰り返し**。相手は「ああ、また、あの話か」と思うだけ。しまいには、あなたに対する興味まで失われてしまう。

・**あまりに古い話**。「ええ、あのあたりはよく知っていますよ。以前、あの近くを営業で担当していましたから」というので、よくよく聞いてみたら20年も前の話だったりする。かつては10年ひと昔といったが、最近は5年ひと昔、いや、時代の回転はもっと速い。そんな時代に、20年も前の話をとくとくとしているようでは、頭の中も古いまま、と思われてしまうだけだ。

◉黙って3分、相手の話を聞く

人間関係に失敗するもう一つの理由は、「自分の話ばかりすること」だ。中には相手が話し出すと、その言葉尻をとらえて、素早く自分の話に持っていってしまうという人も珍しくない。

私にもその傾向は強かった。後になってから、どうも自分ばかりがしゃべっていたなと反省することが少なくなく、もっと相手の話を聞きたかったと思うこともよくあったくらいだ。

そこで、あるときから、とにかく相手の話を聞こうと心を決めた。といっても、話しすぎてしまうクセはなかなか直らない。ついに、相手が話し始めたら、3分間はとにかく相手の話を聞こうと決めた。

もちろん、相槌《あいづち》や「えッ？ それで？」とか「本当に？」「すごいね！」「信じられない」などの合いの手は入れながら、だが。

3分間、話を聞くなんて簡単じゃないか、と思うかもしれない。だが、実際にやってみると、けっこう長い。普通の歌で、1番から3番まで歌っても、だいたい3分ぐらいのはずだ。

こうして、できるだけ聞き役に徹し、相手に思う存分、しゃべってもらうようにしているうちに、気がつくと、かなりの聞き上手になっているものだ。

◉傾聴ボランティアになったつもりで

最近、注目されている「傾聴ボランティア」をご存じだろうか。

高齢者サポートの一環で、「傾聴」という言葉どおり、高齢者の話にじっくり耳を傾ける、つまり、相手の話を全面的に受け入れ、聞いてあげる。そうしたボランティアのニーズが急速に高まっているそうだ。

高齢者、中でも1人暮らしの高齢者は、誰かに自分の話を聞いてほしいという思いが強いのだろう。そこで、ボランティアが話をとことん聞いてあげると、高齢者は心から満足し、話を聞いてもらった相手にしだいに心を開いていく。これを何度も繰り返すうちに、しだいに固い絆ができていくという。

なかなか親しい友達ができないという人は、この逆をいっているはずだ。相手の話を「傾聴」する姿勢は乏《とぼ》しく、逆に、自分ばかりしゃべりまくる。これでは、相手は鼻白むだけで、あなたに会いたいという気持ちはしだいに薄らいでしまう。

自分は聞きベタだという自覚がある場合は、傾聴ボランティアになったつもりで、とにかく自分の口は閉ざし、相手の話をひたすら聞くようにしてみよう。

きっと、いい結果が出るはずだ。

老後に向けて、長く続く人間関係を育てる秘訣

◉ラインでは伝わらないことがある

「うちの子はねえ、ちゃんと育てたつもりなんだけど、最近、日本語もろくに使えなくなっちゃって！」

と友人が嘆《なげ》いている。もちろん、そういう表情はうれしそうで、半分はジョーク。友人がいいたいのは、こういうことだ。

最近、息子からの連絡はラインばかり。「了解！」とか「わかった」というようなごく短い言葉だけで、よけいなことは何も書いてこない。第一、声を聞くこともできない……。こういうコミュニケーションでは、感情やぬくもりが伝わってこない、とさびしさでいっぱいなのだ。

電話ならば、「その件はわかったよ。ところで、○○ちゃんは元気？ クリスマスプレゼントは何がいいかな？」などと、用件以外のちょっとした会話もできる。

だが、ラインでは用件のみ。うれしいとか、よかったね、というような感情はスタンプ

で表現するだけだ。

それはそれでアリ、だとは思うが、親や学生時代からの友人など、大事な人間関係は、できるだけ電話で、リアルな声を聞きながらコミュニケーションするようにしよう。

私はラインも使うが、ときどき、あえてはがきを書くことがある。封書の手紙はやや物々しいが、はがきなら重くなく、ラインよりは相手に届くコミュニケーションになるような気がするのだ。

美術展などイベントに行ったときに、気に入った絵はがきを買っておき、「ここのところ、ご無沙汰だな」というような相手に、何の用事がなくても、いや、用事がないからこそ絵葉書で十分なのだが、ちょこちょこっと書いて送る。

通信文はラインと大して変わらない程度。気取らずに、相手に話しかけるような気持ちで書けば、ほんの数分しかかからない。

それでも、相手には、ラインでは伝わらない何かが届くはずだ、と信じている。

◉べったりより、あっさり

日本人、とくにシニア世代に多いのが、「今日はオレのおごりだからな」とか「これ、あなたが好きそうなものだったから……」などとおごる、おごられる、物をあげる、こちらも返すといった関係だ。

気前がいいといおうか、気を使いすぎるといおうか。

だが、もし、その人と今後も長く付き合っていきたいと思うなら、これはやめたほうがいい。「この前、おごってもらったから、今度はこっちが払わなければ……」「いつもお土産をもらってばかり。お返しは何がいいだろう?」などと頭を悩ませるようになり、気がつくと、せっかくのいい関係が、しだいに重いものになってしまうことが、往々にしてあるからだ。

老子は「君子の交わりは淡きこと水のごとし」という。物事をよくわきまえた人は、あっさりとさわやかな、水のような付き合い方をするというのだ。

この言葉は、「小人の交わりは甘きこと醴《れい》のごとし」と続く。醴は甘酒のこと。ベタベタした関係は、一時的には濃密に見えても長くは続かないというのだ。

私は、相手がどんなにお金持ちでも、特別な理由がない限り、きっちり割り勘にすることを基本にしている。旅行に行っても原則、土産は買わない。その代わり、時間がある限り、旅先からはがきを書き、旅先で投函してくる。ユーラシア大陸最西端のロカ岬、南米の喜望峰……。

こうしたところから届くはがきは、消印だけでも喜んでもらえると、勝手に思い込んでいる。

◉最高のプレゼントは「時間の贈り物」

人生も半ばを過ぎると、まわりでは還暦を迎えたり、親が金婚式を迎えたりと、めでたい出来事が続いて起こる。こんなとき、「お祝いは何がいいだろう?」と頭を悩ますことも多いのではないだろうか。

私が知る限り、最高のプレゼントは「仲間のみなが時間を贈る」というものだった。残念ながら私自身の経験ではなく、知人の話だ。

知人は若いころ、小さな企画会社を立ち上げ、アップダウンの激しい時代を、みごとに生き抜いてきた人だ。会社はけっして大きくない。いや、大きくしない。社員は5年たつと〝卒業〟していく決まり。卒業後、フリーになる人には、それまで担当していたクライアントの仕事を一つ分けて出す。これはなかなかできないことだ。

その知人が還暦を迎えたときのことだ。社員たちが「私たちからのプレゼント」といって熱海の1泊旅行を計画してくれた。「ボス（といつも呼ばれていた）は身体一つで来てくださいね」と、もちろん、費用はいっさい社員持ち。

さらに夜になると、会社を巣立っていった元社員が1人、また1人と駆けつけてきたというのだ。その夜は、これまで会社を盛り立ててきてくれた社員の大半が集まり、大いに食べ、飲み、そしてこれまでのこと、これからのこと、時間がたつのも忘れて話の花を咲かせたという。

社員たちは、お世話になったボスに「時間」をプレゼントしたのだ。

それぞれ忙しく働く身だから、時間をつくるのがいちばん大変だったかもしれない。だが、だからこそ、このプレゼントは値千金《あたいせんきん》。どんな高価な記念品よりも素晴らしい贈り物だといえよう。

この話を聞いてからというもの、私は、ここぞというときの贈り物は「時間」に決めた。

親の長寿の祝いならば、きょうだいや配偶者、子どもなど、全員が親の家に集まるのだ。できるだけ、ではなくマスト。それだけのことなのに、「みなの顔を見るのが最高の喜びだ」と、母などすぐに涙ぐんでいた。

友達の誕生祝いも同じだ。高価な贈り物をデパートから送るよりも、顔を合わせて一緒の時を過ごす。

やっぱり、会う、そして時間を一緒に過ごす。これ以上にうれしいことはないと私は信じている。

4章◉〝皆と同じ〟はそろそろ終わり

「ひとり」の境地を深め、味わうために

自分だけの時間をつくり、楽しむ

◉いつかは1人ずつ巣立っていく。それが家族

人間は本来、「孤独」なものだ。1人で生まれ、1人で死んでいく。前半生は、親に育てられ、親から離れた後は恋をし、結ばれ、子どもをつくって家族である日々を楽しむなど、楽しく、にぎやかな毎日だった。

子どもが小さいときは天使のようにかわいらしく、この子がいる限り、自分は世界一の幸せものだと思ったりしたものだ。だが、その子も、反抗期になると「パパ（ママ）大嫌い」と叫んだり、突然、ボーイフレンドと暮らすといって家を出ていったりする。

息子だっておんなじだ。バンドをやっていたのは知っていたが、一生、音楽でやっていきたいと言い出すとは思っていなかった。「食べていくことがどんなに大変なことか、わかっているのか！」と怒鳴ったところでもう手遅れ。

だが、自分だって、同じような道を通ってきたのではないか。親の期待どおりに生きてきた人などめったにいないはずだ。

人にはそれぞれ希望があり、意思がある。成長すれば、自分の思いどおりにやってみたいと思うようになるのは当然のことだ。それを受け止める度量を持たなければいけない。それが人生の半ばまで生きてきた大人の分別というものだ。

その分別を身につける第一歩は、自分もまた、独り立ちの準備を始めることだ。1人の時間を楽しめる、そんな成熟した人間を目指していこう。

50代ごろから、少なくとも週末の半日ぐらいは、1人で時間を過ごすようにしていきたい。散歩の時間、ふだんより遠くに足を延ばしてみる。入ったことのない喫茶店でふだんより上等のコーヒーを飲んでみる……。私は信仰をもっているわけではないが、月に1～2度は、近くの寺の参禅会の末席に座ったりしている。

孤独はさびしい。だが、そのさびしさに身をおくことで人はさらに深く、大きな存在になっていけるのだと思う。

「孤独のさびしさが、人間の心を静かに燃やしてくれる」

歌人・前田夕暮《ゆうぐれ》の言葉をそっと口にすると、不思議なくらい、すがすがしい気持ちになる。そして、やがて、これまでにない新鮮な力が、奥深いところから込み上げてくるのを感じるはずだ。

◉1人の時間の醍醐味をじっくり味わう

なぜか最近の日本では「1人でいる=孤独」はよくないことだというイメージが強い。ネットで「つながる」ことも含めて、いつも誰かとつながっていないと不安でたまらない。

退社時間が近づくと、「ねえ、今日、時間ある?」と同僚に声をかけまくったり、あちこちにラインを送ったりする……。退社後、1人になるのがさびしくてたまらないのだ。

あれ、私のことだ、と身に覚えがある人も少なくないだろう。

もちろん、友達や仕事仲間とわいわい盛り上がるのは楽しいが、がんばっても相手が見つからないときは「仕方ない、まっすぐ家に帰るか」ではなく、こんなときこそ、夜の街に1人、ふらりとさまよいでてみよう。

私は、ふっと時間が空いたときなど、これまで降りたことがない駅で降りてみる。毎日、乗っている路線を、ふだんとは反対方向に向かい、急行が飛ばしてしまうような駅で降りてみるのだ。

右も左もわからないような街を歩き、路地を曲がると、昭和レトロなバーがあったりする。そこに入ってハイボールを1杯オーダー。あとはマスターと、店の由来やこのあたりについて、軽く浅く、でも親しく話をする……。

それだけのことでも、ほんの少し、自分の人生のテリトリーが広がったような感じがするものだ。

休日の午後などに、静かなカフェで1～2時間、ゆったりとした1人の時間を過ごすのもいい。代休などでウィークデイにフリーな時間がとれたら、公園のベンチに座って、陽だまりの中で静かな時間を過ごすのもいい。

特別に身構えなくても、1人でいると自然に自分自身を見つめていくものだ。「あんなことがあった」「こんなこともあった」と過去を振り返り、いまの自分を考えていると、考えはそのままこの先へと進んでいく。

「自分はどんなふうに年を重ねていきたいのか」

「老いの日をどのように迎えたいのか」

ふだんはあまり意識しないこの先について、静かに考えを深めていくのも、1人の時間の恩恵だ。

◉スマホなしの時間をつくる

1人カラオケ、1人焼肉、1人参加限定ツアー……。最近は「1人」で楽しめる店なども増えている。中でも興味深いのは「１人焼肉」だ。テレビで見た１人焼肉専門店はカウンターにコンロが並び、両隣とは、頭が隠れるくらいの高さの仕切りでばっちり区切られている。焼肉といえば、何人かでわいわい食べるというこれまでの概念をくつがえすコンセプトだ。

だからといって「近頃は、積極的に１人時間を過ごす人が増えている」と考えるのは早計だろう。一見、１人の時間を過ごしているようでも、手にはスマホがあり、ＳＮＳの投稿を見たり、知人にラインを送ったりして、実際は誰かと常につながっている。つまり、気持ちのうえでは１人ではない。１人にはなりきれず、スマホに頼って孤独をまぎらしている。それが実情ではないだろうか。

経済誌『プレジデント』が１３００人を対象に「孤独度」について調査したところ、**SNSの利用時間が長い人ほど孤独を感じている**、という結果だった。

さびしいからＳＮＳを開くのか。ＳＮＳを開いている時間が長いから、その分、リアルな人間関係が乏《とぼ》しくなるのか。おそらく、どちらも正解だろう。実際の人間関係が充実していれば、相手と直接会うとか相手のことを考える時間が増えるはずで、スマホと過ごす時間は減るはずだ。

スマホは確かに、ものすごく便利だ。パソコンを持ち歩いているのと同じだから、どこでも興味の赴くままに〝深追い〟でき、時間がたつのを忘れてしまう。

だが、だからこそ、スマホを断つ日を設けたい。たとえば、電車に乗っている時間は見ない。土日のうち、1日はスマホを切ってしまう……。

こうして、あえてスマホを見ない時間、スマホを持たない日をつくると、ぼんやり車窓を見るとか、物思いにふけるというような時間が戻ってくる。ふっと大事な人のことを思い出したりするのも、スマホを手にしていない時間だと思う。

本当に楽しみたいことは「1人で」

◉展覧会や映画は連れ立って行かない

印象派、ゴッホ、正倉院御物《しょうそういんぎょぶつ》……。日本人ほど文化好きな国民はいないのではないかと思うほど、いつもどこかで話題の美術展が開かれている。そして、どこも大混雑している。

それは素晴らしいことだし、芸術を楽しむ人がこんなにも多いのは、それだけ文化的関心が強いともいえ、誇らしい。だが、会場に入ると、失望することが少なくない。ガヤガヤとさわがしく、落ち着かない雰囲気なのだ。

たいてい、友達を誘い合わせてきているからだろう。小さく、控えめの声ではあるけれど、おしゃべりを抑えられないらしく、ときどき、笑い声が混じることさえある。これでは、展覧会を楽しみにきたのか、おしゃべりを楽しみにきたのかわからないと皮肉をいいたくなってしまう。

偏見かもしれないが、こういう〝仲よし鑑賞組〟は、たいてい、シニア女性のグループではないだろうか。シニア女性は展覧会や映画、買い物……なんでも友達と連れ立って行くことが好きなようだ。

仲がよいのはいいことだ。だが、どこに行くのも誰かと一緒でないと行かない、行けないのは精神的に独り立ちできていないからだ。「あなたが行かないなら、私も行かないわ」。こんなふうに、自分の行動を人の意思に任せている様子もうかがえる。

何より展覧会は、1人で出かけるほうが自分のペースで鑑賞できるではないか。心を惹《ひ》かれた作品の前ではゆっくり時間を費やし、ところどころはさっと見る程度ですませる。1人で出かければ、自然にこうしたチェンジ・オブ・ペースで回ることになるはずだ。

私は、映画や芝居も1人で行く派だ。鑑賞した後、「よかったね」などと感想を話し合うのも楽しいが、心底感動した作品だと、むしろ1人で余韻《よいん》にひたりたい。

いつも1人とか、いつも誰かと一緒、と決めてしまわず、時には、あるいはテーマによっては1人で行き、自分のペースで心ゆくまで楽しんでくる。50代にもなったのだ。そのくらいの選択の幅は身につけていきたい。

◉1人旅で、来し方行く末を考える

1人行動の中でもぜひ、おすすめしたいのが1人旅だ。できれば海外のほうがいい。

いうまでもなく、1人旅は頼れるのは自分だけ。英語ができないから無理、という人もいるだろうが、日本人は義務教育から高校、大学に行った人なら、教養課程で少なくとも2年……と、かなりの英語教育は受けてきている。できないという思い込みを捨てて、実戦で使ってみれば、あんがい、なんとかなるものだ。

旅の間はずっと1人の時間だから、いやでも自分と向き合うほかはなく、自然に自分自身について考えをめぐらすことになる。

これからの後半生、どう生きていこうか。どう、生きていきたいか。純粋に1人の時間を過ごすうちに、自分の本音が見えてくることも多い。

1人旅のもう一つの利点は、いろんな人に出会えることだ。友達や家族と一緒の旅だと、必然的に同行した人たちと行動を共にするから、まわりの人と話す機会はなかなか得られない。だが、1人旅だとホテルのロビーなどで、見知らぬ人とごく自然に会話を交わす機会もあり、思わぬ刺激を受けることも多い。

私は、海外旅行は原則1人旅派だった。だが、この春、ヨルダンに行ったときは「1人参加限定」というツアーを選択した。ヨルダン旅行最大の目的地・ペトラ遺跡で、少し前に鉄砲水が起こり、観光客から死亡者が出たという事件があったからだ。インフラ整備が十分でない国でこうしたことが起こったら、個人では対応できないだろう。

ヨルダンへ行きたいと思うような人だからだろうか。ツアー参加者6人は、それぞれ個性的で、魅力的な人ばかりだった。ある人は、保健関係の仕事をしていた公務員で、定年と同時に海外シニア協力隊として南太平洋に位置するバヌアツ共和国に2年間、滞在していたそうだ。

話を伺うと、ご主人もあれば、お子さんもお孫さんもある方だ。でも、彼女は1人で2年間、家を空け、若いころからの夢を実現した。その夢の実現を支え、協力した家族もなんと素敵なのだろう。

後期高齢者に足を踏み入れたという男性もいた。彼はいまも週に2日ほど仕事をしており、その収入をためて、年に1、2回の旅行にあてているそうだ。

だが、その旅がすごい。これまで南極、イースター島、ギアナ高原……と、旅好きでもめったに行かないようなところを制覇してきている。次の目的地は、南米のウユニ塩湖（ボリビア）だそうだ。

「奥さんとは一緒に行かないんですか？」と聞いたところ、奥さんは昨年、仕事をやめて1年間、イギリスでホームステイ中だそうだ。

こういう人との出会いから受ける刺激は絶大だ。そんな刺激を受けに、来年は、海外1人旅に挑戦してみてはいかがだろうか。

余談だが、知人は4年間介護をしたうえで、夫を見送った。さびしさを埋めるために、その後は1人参加の旅三昧だったが、旅先で、反対に、奥さんを見送って1人参加で旅を楽しんでいる人と出会った。そして、この2人、いまは一緒に暮らしている。

1人旅には、そんな展開の可能性が潜んでいる……。そう思うと、さらなるわくわくに突き動かされる。

1人で老いていく覚悟と備えも必要

◉「1人老後」はますます増えていく

私はマンション暮らしだが、ちょっとしたきっかけで1階下に住む女性と話をするようになり、いまではすっかり彼女にあこがれている。

90代半ばを過ぎたところだそうだが、背筋がピンと伸び、いつも髪形、メイク、いで立ち、まさに一糸乱れぬという言葉そのままにしゃんとしておられる。

早朝ウォーキングのためにマンションの玄関から出たあたりで時々お目にかかることがあるが、あちらは「お先に。もう一回りしてきましたの」とさらっと挨拶される。

いまや、こうした1人暮らしの高齢者は珍しくなくなった。身のまわりを見回しても、80代、いや90代になっても、1人、矍鑠《かくしゃく》として暮らしている方をよく見かける。

これから本格的な高齢期に向かう世代は、ますます1人老後が多くなると覚悟しておいたほうがいい。

同じような年代の人とそんな話をしていると、「でもなあ、孤独死はイヤだよね」と言い出す人が必ずいる。実際、内閣府の調査によると、孤独死はこの10年ほどで2倍近くに増えているそうだ。

◉孤独死がイヤなら、それなりの対策を

だが、前にも述べたように、死そのものは誰とも共有できない。人は誰でも、1人で生を締めくくるのだ。家族に見守られて静かに息を引き取る。そんな光景も何度か経験してきたが、死に向かうころにはたいてい意識もなくなっており、「家族に見守られて」の死で満足するのは、残された家族のほうではないか。

孤独死は悲惨だというイメージは、死そのものではなく、死後の後始末の問題だ。マスコミで報じられる孤独死の中には、確かに目をそむけたくなるものもある。だが、悲惨な状況になるのは、死後、しばらく誰にも気づかれず、そのまま放置されてしまった場合なのだ。

実際問題として、孤独死し、しばらくその死に気づく人がいなかった場合、さまざまな問題が生じて、まわりに大きな迷惑をかけてしまうことがある。

最近は、外部から、暮らしの状況をチェックできる機能つきの魔法びんや便座、トイレの入り口付近につけるセンサーなども開発されている。セコムなどの警備サービス会社も、安否見守りサービスなどのメニューを用意している。

ある程度の年齢になったら、そうしたことへの備えをしておくことも、1人老後時代の心得だといえるのではないか。少なくとも私はそう考えている。

5章◉老後資金にため息をつく前に

お金より大事なものがあることを心に刻む

「お金第一」の価値観を書き換えよう

◉手の内にあるものだけが自分のもの

いまの20～30代の人の中には、早くも「老後に備えて」お金をため始めている人も少なくないそうだ。

メットライフ生命が行った「老後を考える」調査（2018年10月、対象は全国20～79歳の男女1万4000人）に、「老後に不安を感じていることは何？」と尋ねたところ、

①お金…60・4％　②健康…56・5％　③認知症…52・5％

という結果だった。

すぐに取り消されたが、政府が「老後資金は（年金だけでは）2000万円不足する」と漏らしたくらいで、どう考えても、今後、老後のお金は厳しくなっていくだろう。

定年後もしばらくは働き、できるだけ蓄えをつくっていくことに加えて、これからは意識して、少しずつ暮らしをスリムにしていこうと心がけることが必要だと思う。

日本人はよく、こう口にする。

「北欧やヨーロッパはいいなあ。社会保障制度が充実していて、老後はなんの心配もなく、ゆうゆうと暮らしを楽しんでいるんでしょ？」

しかし後述するが、これはどうも〝隣の芝生〟らしい。

友人や仲間うちでも〝隣の芝生〟目線が働くことは多いものだ。「G君は教員だったから、年金はすごく優遇されているらしいよ」などとよくいう。だが、公務員や教員の共済年金はいまでは厚生年金に統合されて、それほどの差はないようだ。

それに、G君の年金がいくらだろうが、自分の懐《ふところ》とは何の関係もない。わかりもしない人の懐を推《お》しはかり、ヨダレをたらすなんて、みっともないだけだ。

確実に自分のものなのは、いま、手の内にあるもの、それだけだ。

それをもとに、これからどんなビジョンを描いていくか。どんな人生を実現していくか。

そこで本当の人間力が試されるのではないだろうか。

◉簡素な暮らしを身につけている北欧人

3章でもふれた、スウェーデンに40年近く在住している友人は、スウェーデン人と結婚し、いまでは、夫婦とも年金をもらって暮らしている。その友人はよくこういっている。

「日本にくると、スウェーデンは理想の国みたいにいわれて、面食らっちゃう。スウェーデンだって最近は年金のカットが進み、けっこう厳しいのよ」

日本で、年金で暮らすきょうだいたちとくらべても、スウェーデンの年金は、金額的にもきわだって高いわけではないそうだ。しかも、スウェーデンは物価はべらぼうに高い。そのうえ、これまで、相当の負担金を支払ってきている。税金は驚くほど高く、以前に聞いた話では、ごく普通の収入でも税金、社会保険負担などを差し引くと、手取りは半分以下だそうだ。消費税だって25%も取られる。

日本はまだ、そこまでの負担は強《し》いられていない。だったら、老後の社会保障が十分とはいえないのも、ある意味、当たり前ではないだろうか。

彼女は、こうもいった。

「私の印象では、日本のシニアはけっこう豊かに暮らしているように見えるわ。スウェーデンではみな、もっと質素よ」

これは私も同感だ。知り合いのイギリス人の暮らしぶりを見ても、実にシンプルで質素に見える。日本生活が長いはずだが、次々とものを買わないと気がすまない、日本の暮らし方にまったく影響されないのだ。

この先、私たちが身につけていきたいのは、こうした生活ぶりだと思う。このイギリス人の例を見ても、生活習慣はなかなか変わらない。長い時間と強い信念が必要なのだ。**50代ぐらいから徐々に、暮らしのダウンサイジングを進めていこう。欲しいものが三つあったら、一つか二つで満足する。そうした心のクセをつけていくのだ。**

当面、目指すのは、腹八分の生活。本格的な老後には「腹五分」くらいの暮らしができるようになっていたい。

買い物の達人を目指す

◉本当に必要なものだけを買う

「断捨離」という言葉が広く知られるようになってから10年近くたった。もともとは、ヨーガの行法《ぎょうぼう》の一つであり、不要なものを断ち、捨てることで物質への執着から離れ、心身共に軽快ですっきりシンプルな生活を行うという考え方をいった。

一気にポピュラーになったのは、断捨離を「片付け術」として紹介した本の大ヒットから。この言葉を知り、自分の暮らしを見つめ直した人も少なくないと思う。

私もその1人だ。老後を意識したとき転居したが、引っ越しのとき徹底的に断捨離し、それまで持っていたものの半分以上を大胆に捨てた。

だが、断捨離の精神はまだ完全に身についてはおらず、その後も年に1〜2度、ダンボールに1箱ぐらいの不要物が出て、近くの教会のバザーに寄付している。

それほど物欲が強いほうだとは思わないのだが、まだ修行不足で、ものを買わせるプロフェッショナルであるデパートやスーパーの戦術につい負けてしまう。

理想の暮らしは、お金の有りなしにかかわらず、必要だと思うものだけを心から納得するまでしっかり吟味《ぎんみ》して買う。それをとことん大事に使う、そんな暮らし方だ。

これからは、タオルを1本買うのでも妥協しない。本当に納得するものを買う。同時に、店員に「お買い得ですよ」と乗せられ煽《あお》られて、つい買ってしまう……ということもしない。

自分の身の丈に合った、でも、心から満足できる買い方へ。50代は、そうした方向へスイッチを切り替える適齢期だと思う。

◉買い物でストレスを発散しない

大して欲しいわけではなかった。ふっと立ち寄った高級店で、ふだんの自分なら絶対買わないような、とんでもなく高価なものを衝動買いしてしまった。

誰にも経験があると思うが、こういう日は間違いなく心がバランスを崩している。さびしさが身に沁《し》みていたり、思いどおりにいかないことばかりで、気持ちが波立っていたりするものだ。

自分でも、気持ちが不安定だと感じる日は、できるだけ買い物は控えよう。

衝動買いというとおり、一時的な感情にひきずられての買い物は、ほぼ１００％、後になって後悔する。

それでも高級品を買った場合は、後々思いきって買ってよかったと思うこともあるが、反対に、大して気に入ったわけではないのに安さにつられて買ったものは使わないことが多い。

そもそも「お買い得」という言葉は矛盾している。本来なら、買わないことがいちばんトクであるはずだ。たまたま、以前から欲しいと思っていたものがなんらかの理由でかなり安く提供されていた。そうした場合は「お買い得」だろう。

だが、ふと通りかかったところで、それまで、欲しいとも必要だとも思ったこともなかったものを安く売っていたからと、それを買ってなんのトクがあるのだろうか。

大事な、大事なお金を使うのだ。買い物こそ、冷静に落ち着いて、慎重にするべきだと自分に言い聞かせよう。

ゲーム感覚で節約を楽しむ

◉毎日、出費を書き出す

シニア世代には「いいや、カードで買えば」という不思議な考え方がある。以前は買い物はキャッシュに限られていた。でも、カードが普及して自分も使うようになる。すると目の前で現金が出ていくわけではないから「いいや……」という、出費に対するだらしのない感覚を持ってしまいがちなのだ。

これからはそうはいかない。「キャッシュレスなら割引します」という時代になって、ますますスマホやスイカなどをかざして買うような時代になっていくだろう。

だが、そうであるからこそ、いくら使ったかをできるだけ毎日、書き出すことを習慣化していこう。ポケットや財布にたまったレシートを取り出しながら、ノートなどに書いていくだけでいい。

私はこのとき、前の日の出費と合計し、1か月の最後には、その月の出費が予算以内で収まったかどうか、明らかなムダ遣いはなかったか、をチェックしてもいる。

その月、予算以上のお金を使ってしまったときは、翌月の予算をその分ばっさり減らしてしまう。その金額内でちゃんと暮らせ！　と、自分で自分にペナルティを科すというわけだ。

◉自分へのごほうびは積極的に

減額分の金額が1万～2万円ならば、翌月は意外とその範囲内で暮らせるのだから、面白い。すると、翌月もまた1万～2万円、減額した予算で暮らす。ただし、次の月からの減額分はしっかりためていく。

ある程度たまったら、前から欲しかったものを買って、「自分へのごほうび」にする。

他愛ないようだが、この繰り返しで、節約と、お金をためる楽しさの両方が身についていくと、私は期待している。

「自分へのごほうび」といったところで、もとは自分で働いたお金なのだ。別にうれしくなんかないだろう。以前の私はそう思っていた。

ところが、実際にやってみると「自分へのごほうび」は格別な喜びだということを実感している。

「ごほうび」はたいてい、ふだんの生活レベルや予算よりもワンランクかツーランク上であることが多い。もういい年だ。時には、そうした買い物や体験だってしてみたい。

こうしたとき、「自分へのごほうび」はよい言い訳、もっといえば、ワンランク上の世界に足を踏み入れるきっかけになってくれるのだ。こうして少しずつ、本物の持つ格調の高さへ近づいていく。それは同時に、自分の品格を高めることにも通じていくと感じている。

年齢を重ねるにつれて、もちろん〝できる範囲で〟という制限つきだが、より豊かな体験も積み上げていきたい。

本当の大人とは、お金がなければないなりに、あるときにはあるなりに、許された状況の中で最大限人生を楽しむことができる、そんな人間になっていくことだと思うからだ。

誰もができる最大の老後資金対策とは

◉あの世にお金は持っていけない

この先、病気や介護が必要になったとき、まず、必要になるのはお金だ。そう考えるのもよくわかるが、そのお金がいくらくらいかかるのか。ケース・バイ・ケースだとしかいいようがないが、少なくとも現在の高齢者はかなりのお金を蓄えている。

総務省の家計調査（２０１７年）によると、「世帯主が60歳以上の高齢者世帯では、平均２０００万円」もの貯蓄があるという。もっともこれは高額預金者から、貯蓄は１００万円以下という層まですべてを足して、人数で割った平均額。高額預金者の数字に引き上げられ、実情より数字はかなり大きくなる。

そこで、調査対象を少ない人から多い人まで順番に並べ、ちょうど真ん中の人はいくら持っているか、つまり中央値を見ると、１５６７万円になったという。夫婦２人を合算すれば、３０００万円以上となる。

日本の高齢者はけっこうお金持ちなのだ。そして、お金をあまり使おうとしない。

これもケース・バイ・ケースだから一概にはいえないが、私の両親は父が82歳、母が92歳とそれぞれの時代としては長生きのほうだったが、亡くなるまでにそれほどお金は必要ではなかった。

父は短期間だけ入院したが、健康保険で十分カバーされた。最後の2年間はほどほどの民間の介護施設で過ごした母の場合も、何千万円というようなお金はいらなかった。

それなのに、蓄えを固く握りしめ、キュウキュウと老後を暮らすのはつまらないと思わないか。

お金はあの世には持っていけないのだ。結局、残ったお金は子どもたちで分けることになるが、これがまた新たな争いを招く原因になったりする。

子どもにはお金を残さない。蓄えは自分の人生できれいに使いはたす。

こう考えて、貯蓄があるなら必要最低限だけ残しておき、あとはそのお金で人生を目いっぱい楽しむようにしよう。

元気な間に行きたいところへ行き、経験したいことに次々トライし、もう思い残すことがない……とまではいかないかもしれないが、とにかく、できるだけお金を残して死ぬようなことがないように、上手に楽しむことを覚えよう。

最後の瞬間に、手のひらから最後のコインがぽろりと落ちる。こんなふうに死ねたら、理想的だ。

◉「なるようになる」と開き直るのも一つの方法

数年前、老後を控えて転居を考えたとき、私はマンションを選んだ。そのため、月々の管理費や積立補修金の金額で、大いに悩んでしまった。私にとってまあまあのマンションと出合ったのだが、管理費などが予想より高かったのだ。

やがて仕事が細ったとき、はたして払っていけるだろうか。

いくつかの考え方があったが、私はある友人の、この言葉に乗ろうと決めてしまった。

「先のことなんか、いくら考えたってわからないよ。いまからしばらく大丈夫だったら、そこに住めば？　長い老後の先なんて生きているかどうかわからないし、ボケちゃうかもしれないじゃないか。いま、わかる範囲で、自分がいちばん住みたいところに住んで、先のことは先になって考えればいいいんだよ」

まるっきり無計画な生き方は無責任だといわれても、仕方ないかもしれない。とはいえ10年、20年先のことなどわからない。これも一つの真実なのだ。ある程度までは想定し、自分ができる範囲の努力をするだけなのだ。10年、20年先までの1日1日も、大切な人生である。そこに至る毎日を、自分の望みどおりに生きていくという考え方も悪くはない。

お金をかけずに、運動習慣を身につける

◉増え続ける日本の医療費

何がもったいないといって、病気で使うお金ほどもったいないものはない。まして日本は赤字国家。赤字の大きな原因は医療費だ。

数字として見てみよう。２０１４年に国民全体の医療費が40兆円を超え、その後は右肩上がりに推移している。日本の国家予算が１００兆円ほどだから、その5分の2が医療費に使われている計算だ。あわせて、高齢者の医療負担は年々重たくなっている。

もちろん、すべての病気を防げるわけではないが、高齢者および高齢者予備軍が、日頃から健康に気をつけて暮らすようにする。これだけでもかなりの病気を防げる。結果、医

療費を減らすことができるはずだ。

◉毎朝、身体を動かせばいいことずくめ

50代ともなると、そろそろ、身体のメンテナンスにも気をつけなければいけない年齢だ。身体を鍛えなければとジムに通う人も増えているが、正直、けっこうな会費がかかるところが少なくない。

老後を見据えて戸建てからマンションに住み替えたとき、私がこだわったのは「駅に近いこと」と「自然を楽しめる環境が近くにあること」だった。予算の関係で、ほかの条件のいくつかは目をつぶったが、この二つの条件だけは譲らなかった。だから、いまの住まいは大きな公園にほぼ隣接している。

毎朝、冬はまだ暗いうちに家を出て、公園を1周し、6時半からラジオ体操で身体をほぐしてくる。運動をしています、などといえるほどではないが、帰途は気持ちが晴れ晴れとしてくること請け合いだ。

ラジオ体操は第1、第2を合わせても15分程度だが、それだけでも身体を動かせば、前の日までのストレスを吹き飛ばせる。

愛犬の散歩がてら、という人も多く、すっかり仲良しになった犬の飼い主はちょうど50歳くらい。体操をすませると、「これから出勤なんです」と足早に帰っていく。

そんな50代が増えてくれれば、日本の健康保険危機にも、救いの道があるような気がしている。

「神経質になりすぎない」のが最高の健康法

◉筋トレブームもやりすぎは禁物

最近は筋トレブーム。確かに、鍛え上げた筋肉はほれぼれするほど魅力的だ。

そこで、自分もダビデ像のようになりたいと肉体改造を始める人もいるだろうが、筋トレには、一種の中毒症状があることを知っておきたい。

ランニングハイをご存じだろう。ランニングしているうちに、なんだか不思議な快感を覚えるようになり、自分の実力を超えてどんどん走ってしまう現象をいう。

これは、脳内にエンドルフィンやドーパミンなどの物質が分泌《ぶんぴつ》されるためだ。エンドルフィンはモルヒネ、コカイン、ヘロインに似た構造を持つ物質で、覚せい剤にも似た高揚感や快感をもたらすといわれている。

そのため、自分の現状にふさわしい筋トレメニューを超えて、どんどんハードなトレーニングに突き進んでしまい、かえって身体に負荷をかけすぎるのだという。

また「もっと、もっと」と自分の欲望にブレーキをかけられない心理も、筋トレ中毒を招く原因だ。

中年になってからの筋トレなのだ。少なくとも最初のうちは、コーチについて、年齢や体質に合ったトレーニングメニューの指導を受け、過剰に突き進みすぎないようにしていこう。

◉「海のもの・山のもの」を意識して摂る

人生90年～100年時代。テレビの通販番組に見入っては、ひざにはこれ、血液サラサラにはあれ、と何種類ものサプリメントを買い求める人が急増している。

健康食品の使用状況を調査した結果、**50代では39・0%、60代では42・1%が健康食品やサプリメントを利用している、と答えている。**10年前は60代で29・2%だったというから、急拡大ぶりはすさまじい。

当然、お金もかかっており、健康食品やサプリメントに毎月かけるお金は、50代が39 38円、60代が4422円。老後を考えれば小さい金額とはいえない。

毎日の食生活を見直し、必要な栄養分を欠かさないようにし、バランスよく食べるように心がければ、それで十分ではないだろうか。

2019年に平成から令和へと年号が移り変わった。天皇のご即位に伴う一連の行事の中でも、大嘗祭《だいじょうさい》は国民の安寧、五穀豊穣を感謝・祈念すべく、その祭殿には新穀のほか、全国各地から寄せられた特産品、魚介、野菜、果物など多くの種類の海の恵み、山の恵みが供えられたそうだ。

黒柳徹子さんが子どものころに通った小学校の校長先生は、毎日、生徒のお弁当を見て、「海のもの・山のもの」が入っていれば「よろしい」と大きくうなずいたという。

「海のもの・山のもの」という考え方は茶道でも用いられている。イギリスでも休日、家族で囲む食卓には「Surf & Turf」といって、「海のもの・山のもの」を使った料理を楽しむ習慣があるそうだ。

栄養バランスを整えるというと、知識がないから難しい、あるいは面倒くさいと考える人もいるかもしれない。だが、特別な食事療法でもない限り、「海のもの・山のもの」という程度のざっくりした配分で、基本的にはＯＫと考えてよさそうだ。

◉腹式呼吸を取り入れる

中年からシニアになりかかるころ、仕事がきつかったこともあり、私はいつもイライラ、余裕がない精神状態で暮らしていた。

ちょうどそのころ、仕事で出会ったお坊さんから座禅をすすめられ、さっそく近くの寺の参禅に参加するようになったのだが、続かなかった。

「続きませんでした」と顔を赤らめながら報告すると、お坊さんはカラカラと明るく笑い、「じゃあ、腹式呼吸だけでいい。続けてごらんなさい」とやさしくおっしゃった。

よく知られているように、呼吸には、胸式呼吸と腹式呼吸がある。ふだん、意識せずに行っているのは肺で行う胸式呼吸だ。

腹式呼吸は横隔膜《おうかくまく》を使って行う呼吸で、肺への負担が少ないだけでなく、ゆっくり息を吐くことで自律神経を調整し、副交感神経を優位にする効果がある。ストレスやイライラ解消に効果があるだけでなく、代謝を促進するため、内臓など身体の各部の働きを活発にし、そのうえダイエット効果も期待できると、いいことずくめだ。

腹式呼吸は、まず、息を吸い込むことから始める。鼻からゆっくりと、お腹の底まで息を送り届けるようなイメージで、もうこれ以上、吸えないというところまで目いっぱい吸い込むことがコツだ。

ここまで吸うと、次はその反動で、自然に息を大きく吐いていく。これを繰り返すだけだ。最初はあおむけに寝た状態で行うほうがやりやすいが、慣れてくると座ったまま、あるいは立った状態でも行えるようになる。

ふだんから腹式呼吸を行うのではなく、たとえば寝る前に数分間とか、イライラッとして感情が乱れそうになったら息を深く吸い、静かに吐く……を数回繰り返す。この程度で十分だ。

私の場合は、この習慣を身につけてから、いい年をして過剰にイライラしたり、人前で感情を爆発させたりすることは激減した……と自分では思っている。

6章◉もう、モノには振り回されない

「思いは高く、暮らしは簡素に」で生きる

自然と親しむという最高の贅沢

◉ときどき、まわりの自然を見つめてみる

これまでひたすら前を向き、上を目指してがんばってきた。だが、50代に入ったら、心豊かに、人生を充実させていくことにも力を注ぎたい。ただ懸命に働き、やがて疲れはてしぼんでいくのでは、何のために生まれてきたのかとさびしい思いにかられるだけだ。

といっても、現実はまだ、時間的にも、経済的にも、それほどゆとりは感じられない。50代は仕事の面ではまだ第一線。重い責任も背負っている。

だが、そんな中でも、身近な小さなことに喜びや楽しみを見いだしていく〝練習〟を始めていこう。その気になれば、多忙な毎日でも、ちょっとした時間を上手に生かし、いろんな楽しみが見つかるはずだ。

『ポツンと一軒家』というTV番組がある。衛星写真で見ると、深い山の中にたった1軒、人家らしい建物が見つかることがある。その家を番組スタッフが訪ねていく。ただ、それだけの番組なのだが、いまや、おそらく企画者も予想しなかったほどの大人気番組になっ

ている。

衛星写真を片手に、目標とする一軒家近くの集落に行き、道を尋ねると、ほとんどの場合、即座に「ああ、毎週見てるよ」「うち、大ファンなの。いつも楽しみにしているよ」という返事が返ってくるほどだ。

車で入っていく道はたいてい、狭くけわしい、けもの道といいたくなるような道だ。中には車が入らず、途中から歩いていかなければ、たどりつけない家もある。買い物に行くのも、病院に行くのも、そこをひたすら通っていく。山の中のたった一軒家での暮らし……。

だが、はるかに見晴らす眺望は息を飲むほど美しく、家を取り囲む自然は、春・夏・秋・冬、装いを変え、それは美しい。多少不便でも、厳しい環境だろうと、これだけ美しい自然に囲まれた毎日ならば、心は十分、満たされるに違いない。

実際、登場する人々は、おおむね贅沢な暮らしではなさそうだが、何の不満も不安もないといった、おだやかでやわらかな表情をしている。いや、このうえなく美しい眺望という贅沢が、彼らの心を満たしているのだろうか。

「楽しみは春の桜に秋の月　夫婦仲良く三度食う飯」

江戸時代の歌舞伎俳優、5代目市川團十郎《だんじゅうろう》の歌だ。

美しい自然と、仲のよい家族があれば、それだけで人生を最高に楽しめる。いまの人が忘れてしまいがちな境地ではないだろうか。

◉斎藤茂太さんの「定点観測」

長く仕事でお付き合いのあった斎藤茂太さんは、ご自宅から病院まで、普通に歩けば10分足らずのところを、毎朝、少し離れた小高い丘まで登り、そこから、わざわざ遠回りして病院に通っていらした。

軽妙なエッセイで知られる茂太さんだが、本業は精神科医。大きな精神病院の3代目で戦後はご苦労もあったとうかがうが、モタさんの愛称で知られるように、いつもニコニコ、悠揚迫《ゆうようせま》らず、人生を楽しむ名人だった。

90歳で大往生される少し前まで、医師としても、文筆家としても現役を貫かれるというみごとな人生を送られた。その豊かな感性と、長く健康を保たれた秘訣の一つは、この朝の「遠回り通勤」だったのかもしれない。

丘に続く道の途中に、茂太さんお気に入りの木があって、毎朝、その木に挨拶するのが日課だったそうだ。

「自然はすごいものですよ。毎日、ちょっとずつですが変化している。昨日はまだ堅かった花のつぼみが、今日はほんのわずかだけど、開きかけたりしている。その変化に力をもらうんです」と伺ったこともある。

毎日、同じものをじっくり眺める。この定点観測を続けていると、足元の小さな自然にも驚くような生命力が宿っていることを、あらためて思い知らされるそうだ。

昨日まで樹皮と一体化していたような枝分かれのところに、今朝は小さいけれど、確かな芽が芽生えようとしている。そんな日は、病院に向かう足取りが少し速足になったりする、と笑っていらした。

地球環境を考えた聡明な暮らし方

◉子どもや孫の時代の地球を考えてみる

2019年、超ド級の破壊力を持つ台風被害に襲われたのは日本だけではない。アメリカもかつてないほどパワフルなハリケーンに襲われ、大きな被害を受けている。巨大台風（ハリケーン）の多発には、南太平洋の海水温度の急上昇が関係している。

さらに深刻なのは、温暖化により海面の高さが急上昇していることだ。海水温が上がり、海水が膨張したことや、氷河や氷床《ひょうしょう》が溶け出した結果、海水面は1901年から2010年の約100年間に約19センチメートルも上昇し、さらにこのままいくと、21世紀中に最大82センチメートルも上昇するといわれている。

南太平洋に浮かぶツバルではすでに、ニュージーランドへの「環境移民」を始めているという。

日本も他人事《ひとごと》ではない。海面が1メートル上昇すると、大阪から堺市にかけての海岸線はほぼ水没。東京でも江東区、墨田区、江戸川区、葛飾《かつしか》区などに大きな被害が出ると予測されている。

その日は1世紀後、いや半世紀後かもしれない。いま、40～50歳ならば、人生の終わる日まで、地球がなんとか持ちこたえるかどうか、というところかもしれない。

まして、子どもや孫の世代のころには、地球はどうなっているだろうか。

◉「よくも、よくも、こんなことをしてくれたわね」

「How dare you!」（よくも、よくも！）

眉をしかめて、繰り返しこの言葉をはさみ込んで、スピーチするスウェーデンの少女グレタ・トゥーンベリさん。まだ10代の少女だが、国連本部の環境関係ミーティングでスピーチしたり、ノーベル平和賞にノミネートされるなど、いまや地球環境問題のアイコン的存在になっている。

グレタさんがスピーチの中で繰り返し口にするのが「How dare you!」だ。

地球環境をここまで悪化させたのは、大人たちの責任だ。これからの地球、子どもや孫たちの将来を考えれば、もはや一刻の猶予《ゆうよ》もならない。

「私たちが子どものころに描いた夢、これから将来に向かっていく希望をこれ以上、奪わないでほしい。お金もうけのためにばかり活動しないで、いますぐ、地球環境に対してできることをしてほしい」

グレタさんのこの声に、胸が痛くならない大人はいないだろう。

ところが、世界中がグレタさんに賛同し、グレタさんの行動に共鳴している中で、日本人の関心はいま一つ盛り上がらない。

２０１９年９月20日から27日にかけて、グレタさんの呼びかけに応じて、世界各国で学校を休んで（ストライキし）、デモ行進をする「グローバル気候マーチ」には世界各国で合わせて４００万人が参加。オーストラリアでは35万人、ベルリンで27万人、ロンドンで10万人が、「気候変動に関する正義は？（Climate Justis）」「何をしてほしい？（What do we want?）」「いますぐにだ！」（Now!）とプラカードを掲げながら行進した。

日本でも「気候マーチ」は行われたが、参加者は23都道府県合わせて５０００人ほどだった。ベルリンやロンドンでは、さまざまな職業、年代の人も参加したというが、日本人で、このマーチに参加した大人は何人ぐらいいたのだろうか。

正直にいえば、私も参加しておらず、ひたすら恥ずかしい。

◉たとえば、ゴミを正しく捨てる

地球環境がここまで悪化した原因は、産業革命以来、人々の暮らし方が劇的に変わり、便利になった一方で、便利さのツケが、地球が受け入れられる限度を超えてふくらんでいってしまったためだ。

時計の針を元に戻すことはできないが、これからだって、まだまだできることはある。

たとえば、できるだけ資源をムダなく使い、使い終わったものもリサイクルしてもう一度、あるいは繰り返し使う知恵を働かせていくことだ。

その第一歩は、実はそれぞれの人の暮らしにある。いうまでもなく、できるだけムダなく使い切ることがその一つ。もう一つはゴミの出し方だ。

いまや、ゴミの多くは資源として回収するようになっている。ただし、正しく分類されていないと再利用できなかったり、再生コストや手間がひどくかかったりして効率がいちじるしく落ちる。1人ひとりがゴミ出しをするときに、ほんの少し注意するかしないか、その差は想像以上に大きいのだ。

シニア世代は本来、こうしたことをしっかり実行し、次に続く世代のお手本にならなければならないはずだ。だが、はたして、自分は正しく分別してゴミを出しているだろうか。

たとえば、紙はどんな小さな紙きれでも、再利用でき、再生紙となって2度、3度と使うことができる。再生紙を使うことにより、紙資源の森林伐採をより少なくすることができ、それだけ環境を保全できる。

ところが、紙ごみとして出すものの中に、次のようなものが混じっていると、リサイクル工場において、品質の低下や機械の故障の原因となってしまう。

紙ごみに混ぜてはいけないものには、以下のようなものがある。
＊カーボン紙・ノンカーボン紙　＊感熱紙　＊圧着はがき　＊防水加工紙（紙コップ、カップラーメンの容器など）＊粘着物のついた紙（テープ、ノリつき封筒など）＊写真　＊臭いのついた紙（石鹸、洗剤の容器など）＊窓付封筒（窓とノリの部分を切り取って出す）＊牛乳、ドリンクなどパックの裏側がプラスチックなどでコーティングされているもの　＊使用したティッシュペーパー、タオルペーパーなど。
プラスチックトレイやペットボトルも洗って、乾かして出すのがマナー。缶を捨てるときに中にほかのゴミを入れたりしないこと。間違っても、缶の回収容器にスプレー缶を入れないこと。ゴミ工場で爆発事故が起こる可能性があるからだ。

「いただきます」の心が食品ロスを減らす

◉食べるとは命をいただくこと

私たち日本人は、食事の前に「いただきます」といって合掌する習慣がごく自然に身についている。このマナーの真の意味を考えてみたことがあるだろうか。

「いただきます」はその言葉どおり、ズバリ「お命、いただきます」という意味なのだ。

私たちが口にするものは魚、肉、野菜……すべて、生きているものだ。私たちは、それぞれの生命エネルギーや栄養分を「食べ」、成長のための栄養分や生きるエネルギーにしている。

もちろん、食事の前の挨拶は「お命、いただきます」という脅《おど》しではなく、「大切な命をいただかせていただきます」という深い感謝を込めた言葉だ。その意味を知って心を動かされ、「イタダキマス」と手を合わせる外国人も増えてきているそうだ。

人生も半ばまで生きてきたら、時々でいい。日々の行動にひそんでいる、なにげないが、実は深い意味を持つ事柄に関心を寄せ、理解を深めていこう。そして機会あるたびに、若い世代にその意味を伝えていこう。

もちろん、上からとか、説教めいた言い方、訳知り顔にうんちくを傾けるという態度ではかえって反発されるだけだ。さりげなく、でも、大事なことはちゃんと伝える。こうしたコミュニケーション術を身につけていくことも、今後の課題にしていきたい。

◉ちょっと足りないぐらいでちょうどいい

仕事の帰りに、ちょっと1杯。そんなときは、立ち寄った居酒屋のテーブルを見てほしい。「じゃあ、今日はお開きとするか」というとき、お皿に食べきれなかった料理が残っていないだろうか。

食べ残しは容赦なく、捨てられていく。日本は世界一、まだ食べられる食品を捨てている食品廃棄大国であることをご存じだろうか。**なんと3食のうち1食分、具体的には1秒間におにぎり8600個分を捨てており、1人あたりの廃棄量は、アメリカの105キログラムに対して日本は152キログラム。**損失は11兆円に上るというから驚く。

しかも、日本の食糧自給率は三十数%だから、つまり、多くを海外からの輸入に頼っているのが現状なのだ。

食品ロスを低減することは、目下、世界中が取り組もうとしている問題の一つである。膨大な食品ロスの一方で、満足に食べられず、飢餓《きが》に悩む人々が増えつつあるという実態があるからだ。ちなみに、日本は1年で1940万トンの食料を廃棄しているが、5000万人が1年間暮らせる量だという。

日本が食料廃棄大国である理由の一つは、賞味期限に神経質すぎることが挙げられる。

コンビニなどでは、賞味期限の1時間前には廃棄してしまうという。こうした食品を、たとえば貧困で栄養バランスを欠いた食事しかできない家庭の子どもたちに食べてもらうことはできないだろうか。

簡素な暮らしから見えてくること

◉本当に必要なものは？ と考えてみる

50代ぐらいになると、実家の片付けを経験する人も多い。

私もそうだった。大して広い家ではないのに、片付けても、片付けても終わらない。あきれるほど、次々と不要なものが出てくる。ほとんどは長いこと使わなかったか、せいぜい数回使ったか、というようなものだった。

ようやく片付け終わって、がらんどうになった実家はあんがい広く、あんなに不要なものがなかったら、両親はもっとゆったり、のびやかに暮らすことができたのにと残念でたまらなかった。

その後、私は終《つい》の住まいを求め、引っ越した。このとき、実家の片付けの経験を生かして、それまでの手持ちのものを大々的に整理した。半分以下、いや、3分の1くらいに減らしただろうか。

転居先のマンションは、それまでとほとんど変わらないスペースだが、どの部屋も以前より広々と使うことができ、何より、もので埋められていない空間が確保できた。空間があるとこちらの気持ちまでゆとりができるようで、チマチマ、コセコセした考えにとらわれることがなくなったのには、正直、驚いた。

ゆったりとした空間は気持ちに余裕をもたらしてくれ、それまでは絶えず「もっともっと」と現状では満たされなかった心が、いまでは「あるもので十分」と180度近く変わってしまった。

多少、年をとったこともあるのだろうが、ものが少なければ家は広くなる。散らかることもなくなり、だらしがない私でも、いつもすっきりと暮らせるようになった。ちょっと大げさにいえば、下級武士の家を思わせるような貧しいけれど筋の通った暮らし方。家の中は凜《りん》とした気配が漂っているように感じることさえあるくらいだ。

◉暮らしの贅肉を落とせば、心は豊かに

「Plain living and high thinking（低く生き、高く思う）」

これは、イギリスの詩人・ワーズワースが書いた「ロンドン1802年」という詩の一節。「Plain living and high thinking はすでになく、昔ながらの善き主張の飾り気なき美は去り、われらの平和、われらの敬虔《けいけん》に充《み》つる天真、家法となる宗教もすべて失《う》せたり」と続く。

産業革命が進み、七つの海すべてに植民地を持ち、史上最高の繁栄に酔っていた当時のロンドンは、簡素だけれど誇り高く生きるという、それまでのイギリスが大事にしていた生き方を見失ってしまった。

ワーズワースはそれを嘆《なげ》いたのだった。

日本人もバブル経済に酔ったあたりから、大事なものを見失い、あるいは投げ捨ててきてしまった。だが、簡素な暮らしを上手に楽しむことは、本来、日本人がもっとも得意とするところだったはずだ。

贅肉《ぜいにく》を落とした身体が健やかさと軽やかさをもたらし、精神までさわやかに整えてくれるように、必要なものだけに囲まれた日々を送っていると、自然にくだらないことにとら

われない、高い品性に満ちた思いを持つようになる、ということだ。

暮らしの贅肉を落とすのは、そんなに難しくはない。以前、ある方に教えてもらったのは、たとえば燃えないゴミを出す日、何か一つ、ゴミではないものを捨てるという方法だ。

今年は一度も着なかったが、まだ着るかもしれないととってあるTシャツとか、行きつけのカフェでもらったけれど、使う機会がないマグカップなど、何でもいい。適当なものが見つからないときはクリップ一つでもいいそうだ。

こうして、暮らしの贅肉を落とすクセをつけていくと、気がついたときにはスリムなシンプルライフが実現しているという。

7章◉悔いを残さない終《しま》い方とは

「老い」ではなく、「成熟」に向かっていく

時間をかけなければ得られないものがある

◉老いを止めることは誰にもできない

まさに国民的マンガの主人公・サザエさん。彼女の年齢を聞いて驚いた。『サザエさん』の初出は新聞の4コマ漫画、1946（昭和21）年4月だった。このとき、サザエさんは24歳。子どものタラちゃんは3歳だった。父・波平さんは54歳、母のフネさんは50歳ごろ。現在の50歳前後とは隔世の感といいたいほどのギャップがある。

最近の人々は本当に若い。誰も彼もがアンチエイジングに夢中になって取り組んでいる。ネコもしゃくしも、いかに若さを保つかが最大の関心事のように見える。

心にも身体にも老いを近づけず、いつまでも若々しさを保っているのは、素直にすごいと思う。その陰には並々ならぬ努力があるはずで、そういう努力が苦手な私は、ただただ「えらいなあ」と見とれるばかりだ。

でも、どんなにがんばったところで、老いを完全に食い止めることはできない。

インドの小国の王子に生まれた釈迦《しゃか》は、成人後、はじめて城外に出て生・老・病・死を目にする。そして、人の世には多くの「苦」があることを知り、王位を継ぐことも、若い妻子も捨てて修行の旅に出たのだ。このとき、釈迦がもっともショックを受けたのは「老」の実際を見たことだったといわれている。

だが、本来、老いは醜《みにく》いものでもみじめなものでもない。確かに、身体も頭も徐々に衰えていき、シワもタルミも現れてくる。

だが、それは避けなければならないことだろうか。

仮に、避けたいことだとしても、完全に「老い」を遠ざけて生きることはできないものだ。「老い」は人生の一つの行程であり、誰にも必ず訪れるものだ。つまり、自然な変化であり、それ以外の何ものでもない。

老いはあくまでも自然のもの。だから、素直に受け入れて、ありのままの姿で生きていくのがいちばんよいとはいえないだろうか。

「お年寄りのしわが醜いなどというのは、とんでもないこと。人生の日々の思いが刻まれたしわほど、美しいものはありません」

80歳を超え、がんにより余命宣告を受けながら、なお、映画製作を続けている、映画監督の大林宣彦さんはこういっている。

ふと見ると、いや見るまでもなく、私の手にもしわが増えてきた。だが、しわの一つ一つにこれまでの人生が刻まれている。そう思えば、しわもあんがい悪くはないと思えてくるものだ。

◉オールドではなく、ヴィンテージを目指そう

以前、酒の本の編集に関わっていたことがあり、世界の主《おも》だった酒の産地に行き、醸造所や蒸留所を取材したことがある。

酒はほぼ例外なく、古いもののほうがうまい。年代物の酒は、昨日今日できた若い酒とは貫禄といおうか、次元が違う。新酒だとかボジョレー・ヌーヴォーなどと騒いでも、ハナから勝負にならない。

とくに、長い時間を経て熟成を深めたワインはまるで別世界で、若い酒にはない、円熟しきった深く芳醇《ほうじゅん》な香りを放っている。

ワインも酒も、毎年、新しい酒がつくられると、新酒として楽しむものを除いて、ここから本格的な熟成に入る。ものによっては10年、20年、それ以上とただひたすら酒蔵の中で歳月を重ねていく。

だが、そうすれば、すべての酒が熟しきった年代ものの酒になるというほど単純なものではないようだ。温度、湿度など酒が熟すための最高の環境に置かれ、慎重に、ていねいに管理された中で、高いクオリティを持った酒だけが、じっくりとヴィンテージへの階段を上っていくのだ。

そうでないと、ただ古いだけの腰くだけの酒になったり、時には「酢」のような味になったりするものも少なくないと聞く。

なぜ、人間は、歳月を重ねたものは「老人」と敬遠され、ヴィンテージにならないのだろうか。昔は横丁のご隠居とか、長屋の大家さんとか、どんな世界にも人生経験を積んだ年配者がいて、町内のごたごたなど一発でおさめる知恵を持っていたものだ。

最近は、そうしたお年寄りがめっきり減ってしまった。若さばかりに目を向けるのではなく、年齢を重ねていくことの意味、価値を再認識したい。

50代といえば、そろそろ、人生も成熟に向かって進んでいい年頃だ。これからは、もっともっと拡大や成長を望むより、人として成熟し、味わいを深める方向へ向かっていきたいものだ。

ただの古酒になるか、ヴィンテージになるか。まさに50代ごろが分かれ目に当たるのだと思う。人生の本当の価値が決まるのは、これから先の過ごし方だ。

ある食通が、最高の年の一つといわれている年のロマネコンティが手に入ったと、食通仲間を集めて、至高の晩餐会を開いた。参加者は完熟したワインに敬意を表して正装に身を包み、有名シェフが腕によりをかけた料理も用意された。

そして……時いたり、おごそかにワインのキャップが抜かれた。だが、グラスの酒は酸っぱい香りを放つのみ。保管がうまくいかないと、ワインはしばしば酢に変わってしまう。ロマネコンティでさえそうなのだ。時間を重ねて、クオリティを深めていくのは本当に難しい。いわんや、人においてをや！

毎月、最低1冊は本を読む

◉図書館には行くが、本は読まないシニアたち

定年族、とりわけ男性は居場所を見失うと、図書館に逃げ込む傾向が強い。

わが家はとっくに妻と子どものものになっている。すでに子どもは独立し、妻は毎日のようにコミュニティセンターで行われている、月謝の安いフラワーアレンジメントとか健康体操などに出かけていく。その後はランチ、そしておしゃべりで帰宅は夕方近くになるようだ。

だからといって、自分も出かけなければならないということはないのだが、「私は出かけますけど、あなたは今日、どうするの？」といわれると、「オレ？　別にどこって行くアテはないんだけどなあ」とはいいにくい。で、つい、「あ、オレも出かけるから」などと見栄を張って答えてしまう。

だが、これといって行く先はなく、結局、図書館しか行くところが見つからない。図書館ならば、入り浸っていてもなんとなく聞こえがいい。お金もかからないというわけで、図書館難民は増えていく。わが家近くの図書館は、朝からシニアが列をつくっていて、開館と同時に、読書スペースの椅子はたちまち占拠されてしまう。

だが、手にしているのは新聞や週刊誌などで、「本」を手にしている人は見かけない。

◉世界15位に低下した、日本人の読解力

２０１９年12月３日、経済協力開発機構（ＯＥＣＤ）が、世界79か国・地域の15歳の学生約60万人を対象に行った読解力と数学、科学の「学習到達度調査」(2018年)によると、日本の読解力は15位だと発表された。年々低下の一途をたどっており、OECDは誤差範囲ではなく、理由のある低下だと指摘している。

本を読む力だけでなく、コンピュータを使い、ネット上の多様な文章を読み解く力なども低下しているのだ。

文化庁が行った「国語に関する世論調査」(2019年)によると、47・3%の人が「1か月に1冊も本を読まない」と答えている。

本の市場は年々、縮小し続けている。そうした中で仕事をしている身としては、気がつくと、深いため息をついていることが増えてきた。

読解力は主に読書を通じて養われていくものだ。ただでさえ、ネットゲームにはまりやすい子どもたちだ。まわりの大人が本を読まなければ、子どもも本を読もうとしなくなる。

大人の責任は、こうしたところにもあることを自覚したい。

◉なぜ本が「最高の友」になるのか

シニアになれば、ありあまる自由時間がある。それでも本は読まない。図書館には行く。

でも、本は読まない。いったい、本を読む人はどこにいるのだろうか。またまた、大きなため息をつきそうになってくる。

だが、こんな調査結果が目に留まり、ため息をひっこめなければ、と思っている。

目にしたのは、オンライン書店「楽天ブックス」が実施した「上司と部下の読書事情に関する調査」（２０１９年１月発表）。管理職４００人、若手社員（20代前半）３００人を対象にした調査だ。この調査の結果は文化庁調査よりさらに厳しく、「月に１冊も本を読まない」は60・8％にのぼっている。

しかし「月に2冊以上読む」も約40％あり、さらに「月に4冊以上」とハードルを上げても約15％、つまり7人に１人は月に4冊は読んでいるとわかり、ほっとする。

しかも「今年、したいこと」をビジネスパーソンに尋ねると、

1位・貯金をしたい…48・3％（管理職39・3％　若手社員60・3％）
2位・読書をしたい…32・1％（管理職33・5％　若手社員30・3％）
3位・趣味を増やしたい…31・7％（管理職32・5％　若手社員30・7％）
4位・ダイエットをしたい…28％（管理職27・3％　若手社員29％）
5位・資産運用をしたい…27・7％（管理職34・5％　若手社員18・7％）

という結果になっている。

仕事が忙しいうえ、以前は読書タイムだった移動時間はスマホをいじって時間を費やしてしまう。本は読みたいけれど、時間がないというところなのだろうか。

実は、かくいう私自身も新幹線移動ならともかく、電車移動の際にほとんど本を読まなくなってしまった。だが、本と縁は切れない。カバンの中にはいつも本が入っている。

本はコンパクトで持ち歩き可能。でありながら、書いた人の思考や人生経験などが凝縮されて入っている。こうしたメディアはほかにはない。


「私が人生を知ったのは多くの人と接したからではなく、多くの本と接したからだ」


アナトール・フランスのこの言葉のように、私たちは本を読むことによって、自分の身一つでは不可能な、より幅の広い経験を積むことができる。

世の中にはいろいろな人がおり、いろいろな人生がある。多くの人との出会いから人はさまざまなことを感じ、考え、それを通して、自分自身の思考を深めていく。

だが、実際の出会いだけでは数も、変化も足りない。それを補ってあまりあるのが、本の世界なのだ。本を通じて、われわれは世界中どこにでも行けるし、歴史上、いつの時代にも行ってこられる。

そこには、生身の自分だけでは経験できないほど多くの出合いがあり、おのずと自らの世界も広がっていく。

50代から月に1冊本を読む習慣を身につけていけば、老後を迎えるころには「本」という最高の友を持つことができる。

出かけるときには本を1冊、カバンに入れることを習慣にすることから始めてみよう。

積極的に遊び、遊びを究める

●「もっと遊べ」といった開高健

いまの日本人にいちばん足りないのは「遊び」だ。人は、もっともっと遊ばなければいけないと、いつも私は思っている。

えっ？　もっと学べ、とか、もっと仕事をしなさいならわかるけれど、遊びをすすめるなんて、とあきれる方もいるかもしれない。

だが、「もっと遊べ」は、昭和を代表する作家の1人・開高健《かいこうたけし》さんの言葉なのだ。

遊ぶというのは、高等動物でなければできないことだ。動物の子どもも遊んでいるように見えることはあるが、実際は遊びのようでいて、たいていは大人になるための訓練が含まれていることが多い。それを実証するように、動物は、大人になるとめったに遊ばなくなる。

ところが人間は、幼いころから「そんなに遊んでばかりいると、ろくな人間になれないよ」などと脅《おど》され、いつの間にか、遊びは悪いことだ、遊んでばかりいてはいけないと洗脳されてしまう。

考えてもみてほしい。子どものころはもちろん、大人になってからだって、仕事や研究をしているときよりは（それはそれで、楽しいこともいっぱいあるけれど）、遊んでいるときのほうがずっと楽しい。これが本音ではないだろうか。

遊びとは、実利性はあまり伴わず、心を満足させるために行うこと。遊びの種類は何でもいい。肝心なのは、楽しいこと。楽しくなければ意味がない。

たとえばゴルフが大好きだとしよう。でも、ゴルフの腕を上げるために、歯をくいしばって練習に明け暮れるとなると、遊びといえるかどうか、あやしくなる。パチンコでも競馬でも、わーっと発散して楽しめる範囲ならば遊び。だが、大損して、いつまでも嘆《なげ》くようなら遊びとはいえない、と私は線引きしている。

◉「お金がないから遊べない」は間違い

仕事一筋でガチガチな人よりも、さんざん遊んできて、いろんな世界を知っている。そんな人のほうが、最終的にはいい仕事をすることが多い。これは遊び、いや、仕事の本質を物語ってあまりある事実だと思う。

そんなことをいわれても、遊んでいる余裕なんかない、と決めつけている間は絶対に遊べない。遊びの天才といわれる所ジョージさんは、こういっている。

「お金がないから遊べないんじゃなくて、遊ぼうとしないから遊べないんだ」

お金を時間という言葉に置き換えても、同じことがいえるだろう。

所ジョージさんの趣味というか遊びは自動車、バイク、ガン、フィギュアのほかさまざまなアンティークのコレクションまで実に幅広い。世田谷ベースはこれらの遊びのためにつくった場所だ。ここではバイクを組み立てたり、メンテナンスをしたりするほかに畑づくりもできる。まさに「男の遊び」がぎっしり詰まっており、これに惹《ひ》かれて、ビートたけしさんをはじめ、幅広い仲間が集まってくる。

これだけ盛大に〝遊び〟を楽しんでいながら、所さんは、仕事でも大活躍。多数のレギュラー番組を持つ売れっ子中の売れっ子だ。

どの番組も長寿であることが所さんの特徴だという。遊びと仕事をじょうずにバランスをとりながら、悠々と、ひょうひょうと生きている。そんな楽しそうな生き方が番組にもにじみ出ており、それが人を惹きつけてやまないのだ。

毎日に息苦しさを感じたら、思いきって遊んでみよう。遊びに慣れていくうちに、しだいに遊びと真剣に生きることが渾然一体《こんぜんいったい》となれば万々歳だ。

そんな生き方の達人を目指していくなら、50代がスタートを切る絶好のチャンス。遊びを究めるにも、年季が必要だからだ。

死について、深く考えてみる

◉誰でもいつかは必ず死ぬ

私が身近な人の死を目《ま》の当たりにしたのは父が亡くなったときで、50歳を目前にしていたときだった。親子の年齢差を考えれば、大方の人が50歳ごろから父母などを見送るようになり、死は遠いものではないと感じ始めるのではないだろうか。

私も、やがて母が死に、なんと弟も亡くなり、親しい友人も幾人か見送ってきた。こうしていくつもの死を経験しながら、人はしだいに、自分もやがては死んでいくということを受け入れていくのではないだろうか。

死なない人はいない。誰でも、いつかは必ず死ぬ。例外はないのだ。

しかも、その日がいつ訪れるか、誰にもわからない。何十年もあとかもしれないし、明日かもしれない。明日の朝、ちゃんと目を覚ます保証はどこにもないのだ。

50歳を過ぎ、人生を折り返したころから、一度は「死」について本気で考えてみよう。

◉どんなVIPが死んでも、日々は続く

当たり前の話だが、死ぬと、その人の存在がみごとなほど完全に消えてなくなってしまう。私がそれを実感したのも、親の死によってだった。

父の葬式を終え、四十九日も終え、落ち着きを取り戻したころ、実家に帰ったことがある。何もかも以前のままだ。母がいて、父がかわいがっていたネコものんびり縁側でのび

ている。母が淹《い》れてくれたお茶を飲んでいると、以前なら、そろそろ「お、来ていたのか」などと顔を出す父なのに、いつまでたっても姿を現さない。そこで、はっと、父はもういないのだと実感が湧いてきたのだった。

人1人死んだくらいで、世の中、何も変わらないのだなあと思ったのは、ジョン・レノンが射殺されたときだった。ジョン・レノン命！　という人は世界中に数えされないほどいたはずだ。だが、時計が止まることもなく、世の中は、その日も翌日も何一つ変わらず、淡々と、ふだんの暮らしが続いていった。

ケネディが死に、キング牧師が亡くなり、スティーブ・ジョブズが亡くなり、日本でも美空ひばりが死に、田中角栄が死に、中曽根元首相も101歳まで生きて、やっぱり亡くなった。

巨星が墜ちても、その翌日、太陽は東から昇り、夕方になると西へ沈んでいく。すべて世はこともなし、なのだ。

これには、どんな人の死も例外ではない。自分の死も同じだ。一時、家族や親しい人びとが悲しんでくれるだろうが、その後はまた淡々と同じような日々が繰り返されていく。

死はどこまでも自然な営みの一環で、死ねばすべてはゼロに還る。その事実が、ひたひたと胸に迫る。だが、それが生き物の運命であり現実であることを、たとえば大事な人の命日などに、慎ましく、深く、受け止めてみることも必要だと思う。

自分の死をイメージしてみる

◉自分はどこで死ぬのだろう?

身近な人の死は、自分もまたいつかは死ぬのだなということを、ひしひしと伝えてくる。もちろん、普通に生きられれば、50代にとって死はまだまだ先だが、その過程で、死は不意に襲ってくるかもしれない。

いずれにしても「自分はどのように死ぬのだろう?」と、この年代になったら、たまにでいいから、自分の死について考えをめぐらせてみたい。親の死に、自分の死をかさねて想像してもいい。有名人の死にざまに、自分の死の光景を投影してみるのもいい。

「あなたはどこで死にたいですか?」とアンケートをとると、およそ7割が「最期まで自宅で過ごしたい」と答えるそうだ。ところが、現状では80%近くが病院で死を迎えている。

この意識と実態のミスマッチを解消するために、目下、在宅医療に力を入れている自治体が増えている。だが、「自宅で死を迎える」には、24時間看護ができる状態に自宅を整えるなど、家族の負担や協力も欠かせない。

長年住み慣れたわが家で、愛する家族に看取《みと》られながら静かに息を引き取りたいという願いを実現したいなら、これからの生き方がカギになる。少なくとも、そうした愛情あふれる家族関係をキープすることに最大の努力をしなければいけないと気づくはずだ。

日頃から、家族でさまざまなことを忌憚《きたん》なく話し合う雰囲気があることも大切だ。死ぬときの話など縁起が悪いと思うかもしれない。だが、この年代ならば、これから親を見送るケースも多いはずだ。親の場合の話をしながら、この機会に自分の希望も伝えていくという方法もあるだろう。

家族の間で、死の話を、暗い雰囲気にならずに話すことができる。そうした関係づくりを進めていく、これも50代からの「死の準備」の第一歩といえるかもしれない。

◉余命宣告を受けたら

「死は忍者のように、足音を立てずに近づいてくる」

こういったのは、親しかった老人問題研究家だった。その言葉どおり、ある日突然、この方の訃報が届いて仰天した。60代に入ったばかり。誰もが、おそらく、本人も予測していなかった死に違いない。

こうした死もあれば、「余命は○年ぐらいでしょう」と余命宣告を受けることもある。私のごく親しい人で余命宣告を受けた例があるが、2人ともすっかり腹が据《す》わっていて、信じられないくらい冷静に運命を受け止め、おだやかに人生を締めくくった。

1人は60代に入ったばかりの独身女性。インテリアデザイナーとして多少名を知られ、TVにも出演していたから、名前をいえば、顔を思い出す人もいるかもしれない。

がんが発見され、12時間におよぶ大手術を受けたのだが、がんの根絶はならなかった。立春の頃に再発がわかったとき、医師から「来年のお正月は迎えられないでしょう」と告げられたという。この言葉を彼女はたった1人で聞き、1人で受け止めた。

その日まで1年足らず。この間に、彼女は仕事終《じま》いをし、住まいもいちばん親しかった友人に贈与。大事にしていたものは友人知人らにどんどん譲り、大いにおしゃれをし、食べられる間はおいしいものを食べ、飲み、お金もほぼ使いきって、あとに残したのは遺作集となった本1冊。あとがきを書き終えてから1週間ほどして、ホスピスで永遠に目を閉じた。亡くなったときも1人だったと聞いている。死の瞬間、涙を一筋流したそうだ。
もう1人は弟だ。50代で転職してからほどなく、指が細かく震えることに気づいた彼は、何人もの医者を訪ねたが原因も治療法もわからなかった。症状がかなり進んだころ、「パーキンソン病ではないか」と診断が下ったが、腑《ふ》におちないところが多く、さらに病院を転々とし、いたずらに時間が過ぎていき……。

ようやく、難病中の難病「ALS（筋《きん》萎《い》縮《しゅく》性《せい》側《そく》索《さく》硬《こう》化《か》症《しょう》）」と診断が下ったとき、「気管切開をして人工呼吸器をつけるなどしなければ、1年ももたない」と宣告された。だが、彼は延命する道は選ばず、それ以降は毎日、好きな音楽を聴いて過ごし、10か月後にあっけなく、でも、おだやかに旅立っていった。

それぞれ、みごとな死だったと感嘆するばかりだ。では、はたして自分が余命宣告を受けたら？　と考えると、情けないが、私はただ、立ちすくんでしまうだけのような気がしている。

◉遺言状を書いてみてわかること

だが、こうした例を身近で見聞きしてから、私は遺言状を書いてみた。遺言状というと、資産がたくさんあって、Aは○子に、Bは◇男に……などとその分配方法を書き残すものだと思っている人も多いかもしれない。

だが、私がイメージする遺言状とは、遺される者に「自分はどう生きてきたか。その結果、いまはこんな心境で生きているんだ」ということを伝えるものだ。後に遺る家族らへの手紙といったほうがいいかもしれない。

私の母の場合は、遺言というべきかどうかわからないが、子どもや孫たちが集まると、いつも、こう繰り返していた。

「私のいちばんの楽しみは、きょうだいが顔をそろえて、仲よくしている様子を見ていることなの。私がいなくなっても、みんな仲よくしてね」

結局、これが遺言のような形になって、大した遺産がなかったこともあるだろうが、私たちきょうだい4人は、介護でも相続でも揉《も》め事はいっさいなかった。まわりからは、いまどき、まったく争いや不和が起こらないなんて、珍しいといわれたほどだ。

もちろん、家は○○に、とか、C社の株は◇◇に、D債権は△△に、などと財産の分配の仕方を書いておくのもいいと思う。遺言状を書こうと思い立つと、これまで蓄えてきたものをあらためて見直すことになる。同時に、誰に何々をと考えながら、配偶者や子どもたちなど、まわりの者に対する自分の思いをあらためて見つめることにもなるはずだ。

墓問題にどう対処するか

そろそろ親を見送る年代になると、お墓をどうする？　という問題に直面する人も少なくない。

◉3人に1人が「お墓はいらない」

これまではなんとなく、死後は「先祖代々の墓」に納めればいいと考える人が多かったが、最近になって、お墓をめぐる考えに変化が起きている。ある墓石会社が20〜40代男女を対象に「お墓は必要か」と聞いたところ、35・8％、ざっと3人に1人は「お墓はいらない」と答えたという。

地方出身で、仕事の関係などでいまは都市部で暮らしている人の多くは、「故郷の先祖代々のお墓を、誰が守っていくか」で大いに悩んでいるという話はよく耳にする。

いまの住まいと離れているとなかなか墓参りができない。そうしたことから、最近は「墓じまい」をし、祖先の遺骨を都市部の永代供養墓、つまり、コンピュータ管理の小規模墓やデジタル墓に移すケースが増えている。

次男や嫁に出た身なので、などの理由で、先祖代々のお墓を受け継げない場合は、「いずれお墓を買わなければならない」と資金の心配をする人もいるようだ。

だが、その前に、本当にお墓が必要なのかどうか、必要だと思うならなぜそう思うのか、一度考えてみるべきではないか。

代々そうしてきたから、まわりでもそうしているから……。仮にも、死をめぐる問題だ。そんなおざなりな考え方ではなく、「なぜ、墓が必要なのだろうか」「故人をしのぶのは墓だけだろうか」など、墓について真剣に考えてみることをおすすめしたい。

◉実家の墓に入ることを拒んだ弟

「私のお墓の前で泣かないでください。そこに私はいません……」

20年ほど前に『千の風になって』という歌が大ヒットしたが、そのころから、お墓をめぐる考え方は以前よりずっと多様になり、自由になったように思う。

千の風になって、大空を自由に行きかっている……。そんな死後のイメージは、冷たい石の中に閉じ込められているより、ずっと大らかで自然だといえないだろうか。

つい最近、旅したミャンマーでは、墓も墓参りの習慣もほとんどないという。敬虔《けいけん》な仏教国であるミャンマーでは輪廻転生《りんねてんせい》、すなわち肉体は滅んでも魂は永遠に生き続け、やがて形を変えて還ってくると信じている。

魂が飛び去った亡骸には、もはや意味がない。だから埋めるか荼毘《だび》に付すが、そこで終わり。そんな考え方もあるのだなあと、心に深く響いた。

先にふれたALSで亡くなった私の弟は、実家のお墓に入っていない。父が亡くなったとき、わが家としては立派なお墓をつくったが、そこには両親しか入っていない。

弟がそのお墓を拒んだのは「自分は仏教徒ではない」という理由からだ。寺の境内にある墓だから、そこに埋葬するにはその寺の宗派の信徒となり、戒名もいただく必要がある。

弟は無宗教という自分の考えを大事にし、葬式も音楽葬を希望し、流す音楽は、自分で好きな楽曲を編集し、CDにまとめてあった。お墓の代わりに彼が望んだのは、生前、家族旅行、あるいは妻と2人で旅した各地のうち、とくに思い出に残っているところに、少しずつ散骨してほしいというものだった。

旅先は海外にも及び、散骨のために遺族は海外にも足を延ばした。散骨の旅の費用は

「葬式代に」とかけていた保険金を当てたようだ。

◉永代供養ではなく、30年供養という考え方

いろいろな考え方があるだろうが、私は、ろくに考えることもなく、慣習にしたがって葬式をし、お墓を選ぶという生き方には疑問がある。葬儀もお墓も、自分の死後の問題で、遺された家族が納得のいく方式でやればいいという考え方もあるだろう。

だが、葬儀やお墓も、ある意味では、その人の生き方、考え方を反映するものだ。そう考えたとき、世間体や普通はこうだから、というやり方でまあいいだろう、というのでは、いちばん肝心の故人の思いは消えてしまう。

親の葬儀などの機会に、自分はどうしたいかを真剣に考えてみよう。

「世界のお墓事情」をめぐるTVドキュメンタリーを見たことがある。現在、世界どの国でも、今後、墓をどうするか、という大問題が起こっているそうだ。当たり前だ。世界では毎年、5000万人以上が死んでいく。その1人ひとりに永代供養の墓をつくっていったら、たちまち、世界中がお墓で埋まってしまう。

そうした事情からか、世界でも「墓は30年で一区切り」という考え方が出てきていると

いう。地球はたった一つ。それを世界中の人で使い続けていかなければならないのだ。墓について思いを巡らせるとき、こうした視点に立って考えてみる姿勢もほしい。

どう生きても、どう転んでも自分の人生

◉自分の人生に責任をとれるのは自分だけ

50歳になったら、もう言い訳はきかない。社会的にはいうまでもなく、個人としても、すべてを自分の責任としてとらえなければならない。

もっと親が金持ちだったら。就職のとき、ろくなコネもなかったし。せめてもう少し、ルックスがよかったら……。でも、何もかも理想どおりだったとして、50歳の自分はどうなっていたというのだろう。

正直いって、親の力やコネ、ルックスなどの一押しが通用するのは、社会へのスタートを切るときだけ。走り出してから今日までの結果はまぎれもなく、自分自身の力によるものだ。

ソフトバンクを創業、ついには日本一のお金持ちになった孫正義さんは、在日韓国人2世だ。韓国人2世への差別がひどい時代だったことから、孫さんは、このまま日本にいても望むような仕事にはつけないと考え、16歳で単身、アメリカに渡った。

その日から、孫さんは人一倍のやる気と負けん気で経営者の道を切り開いてきたのだ。

先年亡くなった樹木希林さんは、失礼ながら美人ではなかった。でも、そうした自分の立ち位置をしっかり見つめ、若いころから老け役を率先して引き受け、類いまれな演技力もあいまって、独自の存在感を築き上げてきた。

人生は結局、すべてが自分自身にかかっている。自分の人生に責任をとれるかどうか。これから先の1日、1日の過ごし方にかかっているといえるだろう。

もし、いままでの人生が、われながら不本意だったとしても、まだ、リベンジはいくらでもできる。人生の折り返し点だといっても、持ち時間はまだまだ、十分すぎるくらいあることを、あらためてしっかりと意識しよう。

折り返し点は新しい出発点。新しいチャンスでもある。

自分だけの人生を実現するために、気負わず自然体で、しかし全力投球で、折り返し点から先への1歩を踏み出していこう。

◉短くてもいい、日記を毎日つける

50歳と、とくに区切りをつけなくてもいい。「ああ、もう、若くはないな」と思うことがあったら、その日から日記をつけることをおすすめしたい。

日記といっても、長々と書かなければ、と気負う必要はない。忙しい日、疲れた日にはパスしてもかまわない。だが、パスがクセになると、せっかく始めた習慣が続かなくなる可能性は大きい。

だから、できるだけ毎日欠かさないこと。書くことがなければ、その日、何にいくら使ったか、小遣い帳感覚のメモ日記でもいい。

1日の終わり、財布にはレシートがたまっていることが多いはずだ。私はそれを出しながら、小さなノートに、メモ形式で書いていく。

ノートはあらかじめ、1ページを2分の1ずつのスペースに区切っておき、片方に出費メモ、残り半分のスペースに、その日の出来事や気にかかったことくらいを3行程度に書く。これだけでも十分だ。

お金の記録にこだわるのは、大ファンの沢木耕太郎さんの名作『深夜特急』の執筆エピソードを読んだことからだ。『深夜特急』は沢木さんが若いころ、香港からロンドンまで、